AF500363

CHRETIEN-GUILLAUME

LAMOIGNON-MALESHERBES.

Né à Paris le 16 Decembre 1721 et guillotiné le 2 Floreal An 2.

VIE

DE

HRÉTIEN-GUILLAUME LAMOIGNON

MALESHERBES,

ncien premier président de la cour des aides, ancien ministre d'état, membre de l'académie, etc.

Ses bourreaux sont flétris; sa mémoire est chérie!
L'honneur de son supplice a couronné sa vie.

A PARIS,

Chez BARBA, libraire, palais du Tribunat, galerie derrière le théâtre Français, n° 51.

AN X. — 1802.

Livres qui se trouvent chez Barba.

Amans Vendéens, (les) 4 vol. in-12, fig. 6 l.
Les mêmes, 4 vol. in-18, fig. 4 l.
Amour et Galanterie, 2 vol. in-12. fig. 3 l.
Angélique et Jeanneton, 2 vol in-12, fig. 3 l. 12 s.
Calembourgs (les) de Brunet, In-18. 15 s.
Calembourgs (les) de madame Angot, in-18. fig. 15 s.
Crimes (les) de l'Amour, nouvelles héroïques et tragique, par D. A. F. Sade, auteur d'Aline et Valcourt, 4 vol. in-12, fig. 6 l.
Célestine, ou les Epoux sans l'être, 4 vol. in-12, fig. 6 l.
Le même, 4 vol. in-18, fig. 4 l.
Cent vingt Jours, (les) ou les quatre Nouvelles, 4 vol. in-12, fig. 6 l.
Eloge du Sein des Femmes, in-18, fig. 15 s.
Ermanzor et Arianne, ou Aventures d'un Mameluc,
Enfant du Carnaval, (L') 2 vol. in-12. 3 l. 12 s.
(Sous presse, du même auteur) M. Brott, 4 vol. in-12, fig. 7 l. 10 s.
2 vol. in-12, fig. 3 l.
Forêt, (la) ou le Château de Saint-Alpin, 2 gros vol. in-12, fig. 3 l.
Folie Espagnole, (la) 4 vol. fig. 7 l. 10 s.
Grands (les) Poëtes Malheureux, par l'auteur d'Amour et Galanterie, in-12, portrait d'Homère. 2 l.
Grivoisiana, par Martainville, in-10, fig. 15 s.
Guère de Trois, pour faire suite aux Calembourgs de Brunet et de madame Angot. in-18, fig. 15 s.
Hist. du général Bonaparte, depuis sa naissance, troisième édition, son portrait, 2 volumes in-12. 3 l. 12 s.
Hist. du général Moreau, portrait, in-12. 2 l.
Hist. du général Pichegru, portrait, in-12. 2 l.
Hist. des généraux Desaix et Kléber, in-12. 2 l.
Lettres originales de Mirabeau, écrits au donjon de Vincennes, pendant sa détention, 8 gros vol. in-18, portrait. 10 l.
Mon Oncle Thomas, 4 vol. fig. 7 l. 10 s.
Mères Rivales, (les) par madame de Genlis, 4 vol. in-18, fig. 4 l.

Ma Tante Geneviève, ou je l'ai Echappé Belle, 4 vol. in-18, fig. par Dorvigny. 3 l.

Ménage Diabolique, (le) histoire pour quelques-uns, roman pour quelques autres, sujet à réflexion pour tous, 2 vol. in-12, fig. par Dorvigny. 3 l.

Nouvel Almanach des Muses pour l'an grégorien 1802, avec le portrait de Fanny Beauharnais, petit in-12. 1 l. 16 s.

Au premier janvier 1803, le second paraîtra.

Nouveau Savant de Société, in-12, fig. 1 l. 10 s.

Nouveau Roman comique, ou Voyages et Aventures d'un Souffleur, d'un Perruquier, d'un Costumier et d'un Machiniste de Spectacle, 4 vol. in-18, fig. par Dorvigny. 3 l.

Œuvre de Florian, 21 vol. in-12. fig., y compris le nouveau Don Quichotte. 21 l.

Ce dernier, 6 vol. séparément. 6 l.

Papa Bric, ou qu'est-ce que la Mort, 2 vol. in-12, fig. 3 l.

Provinciales, (les) par Rétif de la Bretonne, 12 vol. in-12, 33 fig. 12 l.

Pauvre Orpheline, (la) 2 vol. in-12. 3 l.

Romans de Pigault-Lebrun, 20 vol. in-12, figures, séparément. 34 l. 4 s.

Sérails (les) de Londres, ou les Amusemens nocturnes, 4 vol. in-18. fig. 3 l.

Testament de madame Angot, ou le fond du sac de ses Calembourgs, in-12, fig. 1 l.

Vœux Téméraires, (les) par madame de Genlis, 4 vol. in-18, son portrait. 3 l.

On tient chez le même libraire un assortiment complet de pièces de théâtre.

PRÉFACE.

L'HOMME célèbre dont nous allons tracer la vie a joué un trop grand rôle avant et depuis la révolution, pour ne pas plaire à toutes les classes de lecteurs.

Quel que soit l'esprit qui les anime, Malesherbes leur inspirera le plus vif intérêt, et ils aimeront à s'attendrir sur le sort d'un vieillard qui fut l'un des plus illustres martyrs de la révolution.

La vie d'un sage est la leçon de la postérité : ainsi les pères de famille, les savans, les jurisconsultes, les magistrats, et tous les hommes publics, trouveront dans la vie de Malesherbes un modèle de fermeté, de grandeur d'ame, et de tout ce que la vertu a de plus sublime.

Nous avons puisé dans des

sources sûres les faits que nous mettons sous les yeux du public ; nous avons présenté tour à tour Malesherbes comme président de la cour des aides, ministre d'état, défenseur de Louis XVI, et enfin comme simple citoyen.

Nous avons souvent fait parler Malesherbes lui-même, et nous nous sommes attachés à rapporter les discours qu'il prononça dans les circonstances les plus graves, persuadés qu'il n'existait pas de meilleur moyen pour donner une idée juste de son caractère.

Nous avons d'ailleurs écrit sa vie avec la plus grande simplicité : les fleurs de l'éloquence servent quelquefois à couvrir les faiblesses d'un grand homme ; mais la longue carrière de Malesherbes ne fut souillée par aucune : le récit de ses actions n'a donc pas besoin d'ornemens étrangers ; la vertu doit être sans parure, et c'est à la vérité seule qu'il appartient d'en esquisser l'image.

VIE

DE

LAMOIGNON-MALESHERBES.

CHRÉTIEN-GUILLAUME LAMOIGNON-MALESHERBES naquit à Paris le 16 décembre 1721 ; il descendait d'une famille illustre et par son antique noblesse et par les services éclatans qu'elle avait rendus à la monarchie.

Guillaume de Lamoignon, son

aïeul, était premier président du parlement de Paris : ce vertueux magistrat aimait les sciences et les lettres ; il honorait de son estime particulière le célèbre Boileau et tous les poëtes les plus fameux du beau siècle de Louis XIV. Il eut pour fils aîné Chrétien-François de Lamoignon, d'abord avocat général, puis président du parlement, mort en 1709 ; son second fils, Guillaume de Lamoignon, président de la cour des aides, et ensuite chancelier de France, était le père de celui dont nous écrivons la vie.

Destiné aux premières charges de la magistrature, Malesherbes se livra avec zèle à l'étude des lois.

Il avait dans son père un maître éclairé, un ami tendre, un modèle de toutes les vertus. Ce magistrat intègre, dévoué aux devoirs de sa place, aimait à se voir revivre dans un fils chéri ; il suivait avec soin ses progrès dans la carrière de la jurisprudence, et dirigeait lui-même ses pas chancelans dans le labyrinthe inéxtricable des lois, ordonnances et coutumes qui composaient alors la législation du royaume.

Le jeune Malesherbes, né avec un ardent amour du travail, ne pouvait manquer de profiter des sages préceptes de son père. Après avoir fait d'excellentes études chez les

Jésuites, il acquit une connaissance parfaite du droit public ; il s'occupa de l'histoire, de l'économie politique, et fit briller une érudition bien rare à un âge où tous les jeunes seigneurs, à l'exemple d'une cour corrompue, (*) ne songeaient qu'à se livrer aux attraits du plaisir.

Son père aurait pu lui donner d'abord une charge de conseiller au parlement, mais il savait trop combien une pareille place était importante ; il ne voulait point souffrir que son fils fût confondu parmi ceux qui, achetant le droit de com-

---

(*) La cour de Louis XV.

promettre la fortune et l'existence de leurs concitoyens, se croient dispensés d'acquérir les connaissances nécessaires pour exercer dignement les plus belles fonctions de la magistrature.

Dans le dessein d'y préparer son fils, il le fit nommer substitut du procureur général, place très-subalterne en apparence, mais qui le mettait à même d'essayer ses premiers pas dans la carrière.

Malesherbes porta plusieurs fois la parole au parlement : on trouva en lui un sens droit, une éloquence douce, persuasive, et une connaissance approfondie des hommes et des choses ; enfin il se fit remarquer dans un poste où d'autres n'étaient pas même aperçus.

Ce ne fut qu'après avoir subi une pareille épreuve que son père le pourvut d'une charge de conseiller au parlement de Paris : il n'était alors âgé que de vingt-quatre ans, mais il était plus réfléchi, plus judicieux que beaucoup de ses anciens confrères.

Six années après, il obtint la survivance de la place de premier président de la cour des aides, place qu'occpait son père, et lui succéda définitivement le 14 décembre 1750.

La cour des aides fut créée en même tems que les premières impositions, sur lesquelles sa jurisdiction fut établie.

Ce fut aux supplications de la nation entière, représentée par ses députés, que l'établissement en fut accordé : elle tenait un rang distingué entre les autres cours souveraines du royaume ; elle était chargée de régler la perception des subsides nécessaires aux charges de l'état, et d'opposer la force de la justice à ceux qui oseraient abuser du nom ou de l'autorité du souverain ; elle était regardée comme une des plus fortes barrières contre la cupidité des traitans, comme l'asile le plus sûr contre l'oppression ; enfin elle était chargée d'enregistrer tous les édits ou lettres patentes relatifs à la création ou à la prorogation des impôts.

Malesherbes se trouva placé à la tête de cet auguste tribunal au moment où une guerre sanglante, et les profusions scandaleuses de la cour, épuisant toutes les ressources nationales, faisaient peser sur le peuple le poids d'impositions sans cesse renaissantes.

On va voir par l'analyse rapide de ses opérations combien il déploya de courage et de haîne contre le despotisme pendant les vingt-cinq années qu'il occupa cette place importante.

Une déclaration du roi, du 7 juillet 1756, ordonnait la perception d'un vingtième net d'industrie sur les commerçans : cette taxe désastreuse excitait un mécontentement général, et donnait lieu aux plus horribles vexations. Malesherbes fit à cet égard les remontrances les plus énergiques : « Le fisc n'épargne même pas, s'écriait-il, ceux dont le travail journalier augmente la valeur des productions de la terre et la masse des richesses réelles ; sujets nécessaires à l'état, puisque c'est d'eux seuls que le commerce général du royaume tire toute sa force et toute sa substance ; hommes livrés à la peine et au travail, dont l'indigence serait seule un motif pour les secourir, et dont l'obscurité leur fait éprouver des injustices toujours impunies, parce qu'elles restent toujours ignorées. C'est à des agens subalternes qu'est commise l'évaluation des facultés et de l'industrie du malheureux artisan : que d'abus doivent naître de cette subdivision d'une autorité arbitraire ! et quelle ressource reste-t-il à un infortuné qui n'a ni le loisir, ni la hardiesse nécessaire pour faire entendre sa voix, et réclamer contre l'oppression ? C'est ainsi que, sous le plus juste des rois, l'injustice, qui n'oserait se montrer à découvert, n'en est que plus active dans l'obscurité. »

Malesherbes, après des observations toutes marquées au coin de la sagesse, s'élève avec véhémence contre les tribunaux d'exception créés par le roi.

« Deux malheurs très-réels, dit-il, sont, d'une part, la terreur que ces tribunaux irréguliers imposent au peuple ; et de l'autre, le grand nombre d'exécutions sanglantes qui se font sous leur autorité. La nécessité de détruire la contrebande a été, dit-on, le prétexte de ces établissemens redoutables : quel désordre dans l'administration de la justice ! un tribunal se voit enlever la presque universalité de ses fonctions sur la simple demande d'un fermier général ! Des plaintes respectueuses ont été portées au pied de votre trône, sire, sans qu'il paraisse qu'elles aient été écoutées : cette espèce d'interdiction dure déjà depuis plus de sept ans, et pendant un si long intervalle, un juge subalterne est autorisé à remplir les fonctions d'une cour souveraine, à la charge, dit-on, d'un appel au conseil de votre majesté, comme si la plupart des affaires qui intéressent le fermier de vos droits avaient un objet assez considérable pour que les particuliers opprimés vinssent, du fond d'une province reculée, porter leurs plaintes dans la capitale. »

Si tous ceux qui entouraient les rois leur eussent fait entendre, avec la même énergie, le langage de la vérité, peut-être seraient-ils encore assis tranquillement sur leur trône, et la France eût elle été à l'abri des tempêtes qui l'ont si horriblement ravagée.

La plupart de nos hommes d'état révolutionnaires furent despotes sous un gouvernement libre : Malesherbes, au contraire, fut libre sous un gouvernement despotique : à de nouveaux abus de pouvoir, à des vexations sans cesse renaissantes, il opposait le courage d'un homme vertueux, le stoïcisme d'un sage.

A mesure qu'il s'élevait contre la multiplicité des impôts, la cour en créait de plus onéreux ; en 1759, un édit ordonna la perception d'une subvention générale ; mais les ministres, prévoyant les obstacles que la cour des aides ne manquerait pas d'apporter à son enregistrement, prirent le parti d'obtenir par la force ce qu'ils ne pouvaient attendre de la soumission. En conséquence, le comte de Clermont, prince du sang, se rendit, le 22 septembre, à une séance générale extraordinairement convoquée : il était suivi d'une garde nombreuse, et accompagné du maréchal de Berchigny.

Après avoir fait donner lecture des ordres du roi, il déposa sur le bureau l'édit dont il était porteur, et enjoignit à la cour de l'enregistrer sur-le-champ, et même avant d'en avoir pris communication.

La réponse que lui adressa Malesherbes, en sa qualité de président, est un modèle de noblesse et de dignité; elle était terminée par ces phrases remarquables : « Ainsi « des ordres dont l'exécution nous « sera confiée vont être déposés « dans nos registres, et revêtus du « dernier sceau de l'autorité royale, « avant que nous ayons pu les con- « naître ni en prévoir les abus. « Nous allons les entendre, mon- « sieur, ces lois redoutables : « pussent-elles démentir l'opinion « funeste que nous en a fait conce- « voir la forme dans laquelle elles « sont envoyées, et puissions-nous, « après en avoir entendu la publi-

« cation, n'être pas réduits à rendre « grâce à la bonté royale de ce « qu'elle nous dispense d'y con- « courir par un enregistrement libre « et volontaire ! Il est triste pour « les cours, et j'ose dire qu'il l'est « aussi pour les princes du sang, « que le roi ne les envoie jamais « que chargés des ordres les plus ri- « goureux, et qu'au milieu de la « joie qui, à leur aspect, doit écla- « ter de toute part, on puisse aper- « cevoir des témoignages non équi- « voques de la consternation pu- « blique. »

Toutes ces protestations n'empêchèrent pas le renouvellement de ces mesures arbitraires : en 1763, le prince de Condé fut chargé d'une semblable expédition, et Malesherbes ne mit ni moins de courage, ni moins de grandeur d'ame dans la réponse qu'il lui adressa :

« Les ordres que vous nous an-
« noncez, monsieur, vont suspendre
« l'activité des lois, et les seuls
« corps à qui il soit permis de faire
« entendre les justes plaintes du
« peuple vont être réduits au silence
« et à une obéissance passive.

« Le roi devrait-il craindre, ne
« devrait-il pas même desirer qu'on
« discutât des questions si intéres-
« santes ? et l'effet nécessaire de ces
« discussions n'aurait-il pas été de
« lui faire connaître des vérités

« qu'on a trop d'intérêt de lui dis-
« simuler?

« *La vérité, monsieur, est donc*
« *bien redoutable, puisqu'on fait*
« *tant d'efforts pour l'empêcher de*
« *parvenir au pied du trône?* »

C'était cependant ainsi que Malesherbes s'exprimait devant le premier prince du sang, et au milieu d'un appareil militaire fait pour intimider tout homme qui n'eût pas eu un caractère élevé, une grande fermeté d'ame.

Les prétendus hommes libres qui, de nos jours, ont beuglé les mots de patriotisme, d'égalité, ont-ils opposé la même résistance aux différentes espèces de tyrannies sous lesquelles nous avons gémi ? Non : ils furent toujours bas et rampans devant le pouvoir, quelque vils qu'en fussent les dépositaires ; jamais ils n'eurent de courage que pour frapper des innocens sans défense, et pour s'approprier les dépouilles de leurs victimes.

Si Malesherbes, comme homme public, a acquis des droits à l'admiration des siècles, il n'en a pas moins, comme père de famille, à l'estime et à la vénération de tous les hommes vertueux.

Il était simple dans son costume et dans sa manière de vivre ; il détestait ces grands festins, ces dîners de cérémonie, où la plupart des gens en place perdent un tems qu'ils devraient consacrer à leurs devoirs; souvent même il passait les nuits sans prendre de repos, et dans les dernières années de sa vie, il se couchait habillé à moitié, pour se remettre sur-le-champ au travail en se levant.

Pendant un hiver extrêmement rigoureux, on le trouva à quatre heures du matin à son bureau, les pieds nus, sans autre vêtement que sa chemise : après s'être déshabillé, la tête entièrement occupée d'un travail important, il avait voulu écrire une idée qui lui était survenue, et, entraîné par la chaleur de la composition, il travaillait depuis plus de trois heures sans être incommodé par la rigueur du froid. Jamais il ne rebuta les malheureux qui s'adressaient à lui ; il les plaignait, les encourageait, et leur prodiguait même tous les secours qui étaient en son pouvoir : il avait un si excellent cœur, qu'il fut plus d'une fois dupe de sa bienfaisance. Mais sa fortune n'ayant bientôt pu suffire à toutes ses libéralités, il avait prié son intendant de ne lui donner par mois qu'une somme déterminée. Un jour, qu'il venait de la recevoir, il apprend qu'une nombreuse famille est réduite à la plus horrible indigence ; il dispose à l'instant en sa faveur de tout l'argent qu'il possède, et se dérobe aux bénédictions des infortunés qu'il avait rendus à la vie. Le lendemain, il alla redemander une pareille somme à son homme d'affaires : celui-ci s'étant permis quelques représentations, Malesherbes lui répondit : Que vouliez-vous que je fisse ? ils étaient si malheureux ! Il avait une conversation enjouée, il narrait avec un charme, une facilité qui n'appartenaient qu'à lui. Parmi les anecdotes qu'il aimait à conter, celle-ci paraîtra sans doute assez singulière ; elle est extraite d'une notice qui a été publiée en l'an IV sur cet homme célèbre.

Il répétait souvent qu'il était né le jour même de la mort de Cartouche ; il se plaisait à faire ce rapprochement bizarre. Mais dans les premières années de sa vie, il avait été profondément ému d'un spectacle digne en effet d'opérer la plus vive impression sur son cœur : il avait vu à la campagne, chez un ami de sa famille, le père de Cartouche qui, sous un autre nom, y remplissait les fonctions de domestique. Malesherbes peignait avec une éloquence qui n'était qu'à lui ce malheureux père, plongé dans la douleur, gardant le plus profond silence depuis plusieurs années, ne l'interrompant, quand il était seul, que pour chanter des hymnes religieuses, en versant des torrens de larmes. Malesherbes, qui ignorait d'abord le sujet de son affliction, employa vainement tous les moyens que lui suggérèrent l'adresse, la vivacité et la curiosité de son âge pour en être instruit, parce que les dépositaires du secret de cet infortuné étaient fidèles à la parole qu'ils lui avaient donnée. Un jour, enfin, il s'aperçut du desir de Malesherbes, auquel il n'avait jamais parlé; il s'approcha de lui, lui dit : *Je fus le père de Cartouche*, et, se couvrant les yeux de ses mains, il se retira le visage inondé de larmes. Malesherbes en versait et en faisait verser lorsqu'il racontait cette scène touchante.

Jamais, peut-être, il ne fut plus éloquent, plus courageux qu'à deux époques très-rapprochées où il eut à combattre quelques vils protégés de protecteurs plus bas encore. Toute la France était alors inondée d'une nuée de commis vomis par le fisc, dont l'arrogance égalait la sottise, et qui étaient passés de l'anti-chambre des prostituées dans les salons dorés de la finance.

Quelques-uns d'entre eux s'étaient permis les plus horribles vexations dans l'arrondissement de Mantes ; non contens d'avoir dépouillé de pauvres cultivateurs, ils les avaient encore chargés de fers ; enfin l'épouvante et la désolation étaient à leur comble dans ce malheureux pays.

La cour des aides, qui, par l'organe de Malesherbes, avait fait vainement tant de remontrances contre ces abus, se montrait inexorable lorsque des exactions lui étaient dénoncées. Des commissaires furent nommés pour se transporter sur les lieux, et y entendre des témoins : une foule de dépositions, plus graves les unes que les autres, furent recueillies, et bientôt une procédure criminelle, intentée dans toutes les formes, allait faire justice des coupables, lorsque la cour intervint dans une affaire qui aurait dû paraître trop peu importante pour l'occuper.

L'un des prévenus était le cousin de la femme de chambre d'une maîtresse favorite; l'autre avait été laquais d'un fermier général : il n'en fallait pas plus pour paralyser l'action de la loi, et pour voiler la statue de la justice.

On parvint à obtenir un ordre du roi qui enjoignait à la cour des aides de ne donner provisoirement aucune suite aux informations, attendu qu'elles ne reposaient que sur des abus vagues, et qu'elles n'en spécifiaient aucun.

Cet affront fait à un tribunal souverain, pour sauver quelques obscurs malfaiteurs, fit dans le public la plus pénible sensation : la cour des aides crut se devoir à elle-même, crut devoir au souverain dont on avait trompé la religion, de réclamer contre un pareil abus d'autorité, et ce fut Malesherbes qu'elle chargea d'en présenter verbalement au roi tous les funestes résultats.

La manière dont il remplit sa mission étonnera sans doute certains hommes qui, nés avec la révolution, se sont toujours persuadés que les magistrats de l'ancien régime n'adressaient aux rois que de basses et de plattes adulations.

Voici comment Malesherbes s'exprimait dans cette circonstance :

« Il est nécessaire que le roi sache
« que les procédures qu'il a ordonné
« de suspendre n'ont été commencées
« que pour défendre de malheureux

« contribuables ; que de simples pay-
« sans n'ont jamais les moyens ni la
« hardiesse de se pourvoir par eux-
« mêmes contre des gens infiniment
« plus puissans qu'eux, et qui res-
« tent sans défense, si la justice ne
« vient à leur secours. Ceux qui
« ont imploré le secours des minis-
« tres du roi contre cette procédure
« n'ont pu craindre la sévérité d'un
« tribunal que d'après le témoignage
« de leur conscience, et s'ils ont
« osé se plaindre, leurs alarmes
« prouvent qu'ils se sentaient cou-
« pables. Arrêter le procès des con-
« cussionnaires, c'est leur donner à
« tous une assurance authentique
« qu'avec la protection d'une seule

« personne, qui, après tout, est
« sujète à erreur et à prévention,
« ils peuvent tout hasarder avec
« impunité, et que les lois seront
« réduites au silence. Déjà de nou-
« veaux abus se commettent, des
« vengeances s'exécutent, des me-
« naces s'effectuent ; et c'est à la
« vue de ces vexations qu'on veut
« suspendre le cours de la justice !
« Que le roi sauve des coupables
« par une grâce, c'est l'exercice lé-
« gitime de son autorité souverai-
« ne ; mais la suspension des pro-
« cédures est une grâce anticipée
« qui, dans presque tous les cas,
« ne peut avoir que des effets fu-
« nestes ou injustes. Enfin, arrêter

« une procédure qui n'est pas ins-
« truite, c'est étouffer la voix de la
« vérité, et dans une affaire de la
« nature de celle-ci, c'est étouffer
« le cri du peuple opprimé.

« Dire que le roi se fera, par lui-
« même, rendre compte de cette
« procédure, c'est dire que le roi en
« chargera un ministre, qui s'en
« fera lui-même rendre compte par
« un autre, et celui-là par un troi-
« sième. La vérité est qu'on a ob-
« tenu du roi d'ordonner qu'on sus-
« pende la procédure, non pas pour
« que sa majesté en prenne con-
« naissance par elle-même, puisque
« cela est impossible, mais pour
« en faire prendre connaissance par

« les ministres, ou par d'autres, qui « statueront d'autant plus arbitrai- « rement, qu'ils n'auront jamais à « répondre d'une décision qui se « trouvera revêtue du nom et de « l'apparence de l'autorité souve- « raine. »

« On osera dire au roi que le plus « grand, peut-être, de tous les abus, « est de prodiguer son autorité, et « d'aller jusqu'à compromettre son « nom pour des objets qui n'en sont « pas dignes, et surtout pour sous- « traire à la justice des accusés, eh! « quels accusés! des gens d'un « état médiocre, qui ne sont ni « n'ont pu être les exécuteurs des « ordres du roi, dont, au contraire,

« il est très-certain que le roi n'a « jamais entendu parler, et pour « lesquels on n'aurait pas imploré « sa protection s'ils n'étaient pas « coupables. »

Ces énergiques représentations ne produisirent aucun effet ; on se contenta de faire changer les accusés de résidence, et un autre province fut le théâtre de leurs exactions. Mais Malesherbes n'en avait pas moins fait son devoir, et, fort de sa conscience et de la voix publique, il gémissait en silence sur des maux qu'il ne pouvait empêcher.

Ami fervent de son pays, partisan zélé de la monarchie, il ne se confondait pas dans la tourbe impure des courtisans ; il ne se prosternait pas pour mendier un regard ou une faveur ; il ne se rendait point l'écho servile des hommes puissans, ou le méprisable instrument de leurs plaisirs : il cherchait, au contraire, à dessiller les yeux d'un monarque ébloui par l'éclat de la couronne, et il songeait à affermir son autorité, en la rendant juste et respectable ; il travaillait, en un mot, à la gloire et au bonheur du souverain, en l'éclairant sur des injustices capables de lui aliéner le cœur de ses sujets, et peut-être même de les révolter contre son pouvoir.

L'incommode surveillance de la

cour des aides déplaisait fortement aux ministres, aux intendans et à tous les gens de finances : on sait que les fripons craignent les sentinelles et les réverbères.

Aussi employait-on toutes sortes de manœuvres pour perdre dans l'opinion publique les magistrats qui osaient opposer un frein à la cupidité du fisc. Un nommé Varenne, secrétaire des états de Bourgogne, publia contre eux une espèce de libelle écrit avec le fiel le plus amer : il ne portait aucun nom d'imprimeur ; il avait été mis sous presse sans permission, et cependant il jouissait d'une publicité telle, qu'on devait soupçonner l'autorité de l'encourager, sinon par un aveu public, du moins par son silence.

Cet ouvrage produisit dans le tems la plus grande sensation ; il fut dénoncé au parlement, qui le fit brûler aux pieds du poteau, par l'exécuteur de la haute justice, comme téméraire, séditieux, contraire au respect dû à la personne sacrée de sa majesté, et à l'honneur de ses cours.

Ce n'est pas tout : Varenne fut bientôt décrété d'ajournement personnel ; mais ses protecteurs firent jouer tous les ressorts imaginables pour le soustraire à la condamnation qui l'attendait : il répondit à la sommation qui lui fut faite de comparaître par un ordre du roi qui lui enjoignait de rester à Versailles, pour affaires urgentes, auprès de sa personne, et de ne pas désemparer, sous quelque prétexte que ce fût.

La cour des aides, fort embarrassée, mais ne voulant absolument pas se relâcher dans la poursuite de cette affaire, embrassa la voie prescrite dans le cas de maladie et de prison légale.

Un commissaire se transporta en conséquence à Versailles, et descendit à l'auberge de Varenne, qui ne s'y trouvait point, et qu'il attendit vainement toute la journée.

On prit alors le parti de le juger par contumace ; mais de nouveaux obstacles s'y opposèrent encore ; des témoins furent subornés ; des pièces fausses furent fabriquées ; Varenne fut même revêtu du cordon de Saint-Michel : l'indécence était parvenue à son comble, lorsque la cour des aides, renversant toutes les barrières qui s'opposaient à sa marche, décréta l'accusé et ses complices de prise-de-corps, et poursuivit la procédure avec la plus grande rigueur : mais au moment où elle touchait à sa fin, le roi fit expédier des lettres d'abolition.

Varenne se présenta, en conséquence, à la cour des aides, tête nue, et à genoux, pour en entendre la lecture, et Malesherbes, du haut de son tribunal, leur adressa ces paroles remarquables : *Le roi vous accorde des lettres de grâce ; la cour les entérine. Retirez-vous : la peine vous est remise, mais le crime vous reste.*

Sa réponse au duc de Chartres, qui, en 1768, venait faire enregistrer de force un nouvel impôt, mérite aussi d'être citée :

« La cérémonie la plus auguste et « la plus redoutable nous a déjà fait « connaître les ordres que vous venez exécuter. Le peuple gémit sous « le poids redoublé des impôts, et

« quand il les voit renouveler après
« plusieurs années de paix, il perd
« jusqu'à l'espérance de voir jamais
« la fin de ses malheurs. Henri-le-
« Grand, de qui vous tenez la nais-
« sance, a laissé dans les registres
« de cette compagnie des monu-
« mens bien précieux, qui constatent
« l'éloignement qu'il a toujours eu
« pour les actes d'autorité qu'on em-
« ploie aujourd'hui : il doit nous être
« permis de vous rappeler les paroles
« de ce grand monarque : Ce sont,
« a-t-il dit, des voies irrégulières
« qui ne ressentent que la force et la
« violence. »

Ce fut à cette époque que le vertueux chancelier Lamoignon, son père, fut disgracié, et remplacé par Maupou, qui osa concevoir dès lors le projet d'asseoir son autorité sur les ruines de la magistrature. Lamoignon était trop vertueux pour devenir l'instrument d'un pareil attentat : il se retira dans un âge extrêmement avancé, emportant dans sa retraite l'estime des gens de bien, et les regrets de tous les magistrats.

La disgrace de ce ministre irréprochable devint, par contre-coup, fatale à la république des lettres : la même année, où Malesherbes, son fils, devint premier président de la cour des aides, il avait reçu de lui la direction de la librairie, espèce d'émanation de la chancellerie, qui lui fut enlevée aussitôt que Maupou eut succédé à son père.

Cette espèce de ministère avait été créée pour étouffer la pensée, et empêcher la publication de certaines vérités trop hardies. Les oppresseurs n'aiment point la liberté de la presse : ils ressemblent au singe de la fable, brisant la glace qui lui peint sa difformité.

Malesherbes permettait, encourageait même la publication des vérités utiles : loin de ressembler à ces censeurs minutieux qui se font un barbare plaisir d'ajouter à leurs instructions, il ne s'était chargé d'un ministère pénible que pour en adoucir la rigueur. Cette place le mettait d'ailleurs en relation avec les savans et les gens de lettres, parmi lesquels il avait un grand nombre d'amis.

L'étude aride des lois ne l'avait point empêché de cultiver la littérature ; il était prodigieusement instruit : il savait par cœur tous les auteurs classiques anciens et modernes ; Horace, Virgile, Ovide, parmi les Latins ; Corneille, Racine, la Fontaine, Molière et Voltaire, parmi les Français, lui étaient les plus familliers ; il en parlait avec un véritable enthousiasme, il aimait à en réciter des morceaux, et il les accompagnait toujours de remarques pleines de justesse et de sagacité. Il avait été nommé à l' académie des sciences en

1750, et à celle des inscriptions et belles-lettres en 1759; il était aussi de la société d'agriculture, et on verra bientôt qu'il ne ressemblait point à ces membres honoraires qu'on n'inscrivait sur les listes que pour les décorer de noms puissans, ou de titres fastueux.

Sous la direction de Malesherbes, la presse jouit de toute la liberté qu'elle peut avoir sous un gouvernement monarchique : les mandemens des évêques et les foudres de la Sorbonne ne purent empêcher l'émission d'excellens ouvrages qui ont reculé les bornes des connaissances humaines, et qui, sans lui, n'eussent peut-être jamais vu le jour.

Mais autant il encourageait les écrivains modestes qui se consacraient à la propagation des lumières et à l'instruction de leur siècle, autant il se montrait sévère contre ces auteurs licencieux dont les ouvrages respirent la débauche, et corrompent les mœurs.

C'est à lui, c'est à ses soins, c'est à sa bienfaisante activité que la France doit l'Encyclopédie, les œuvres de Rousseau, et une foule d'autres ouvrages qu'il sauva de la proscription. Voltaire écrivait, le 4 octobre 1773, à M. d'Argental : « Monsieur de Malesherbes n'avait « pas laissé de rendre service à l'es- « prit humain, en donnant à la presse

« plus de liberté qu'elle n'en a ja-
« mais eue : nous étions déjà pres-
« que à moitié chemin des Anglais. »

En effet, les gens de lettres trouvaient en lui un appui, un conseil, un père* : s'il était forcé de leur donner des avis contraires à leurs opinions, c'était toujours avec les formes les plus douces, avec le ton le plus persuasif. Il réunissait assez de connaissances dans tous les genres pour parler à chacun celui qui convenait : il se trouvait aussi à son aise avec un poëte qu'avec un jurisconsulte, et personne ne le quittait jamais sans être enchanté de sa politesse et de son affabilité : il employait tous les ménagemens d'une délicatesse scrupuleuse pour offrir des secours à ceux dont il avait deviné les besoins ; il feignait de les accorder comme provenant des deniers de l'état, tandis qu'il en faisait seul tous les frais. Combien on pourrait citer de familles qui sont encore heureuses de ses bienfaits ! que de pages on consacrerait au récit de ses belles actions, s'il ne les eût presque pas toujours enveloppées dans l'obscurité ! Son courage, sa fermeté inébranlable lui suscitèrent des ennemis puissans ; des hommes en place même voulurent l'accabler de leur crédit, mais l'autorité n'osa pas le frapper ; son intégrité, ses rares vertus éloignaient toujours les soupçons qu'on s'efforçait de faire planer sur sa tête.

Un jour le chancelier, auquel on s'était plaint amèrement de la publication d'un livre d'histoire qui paraissait avec approbation et privilège, et contenait, lui avait-on dit, des principes et des réflexions très-coupables, fit venir Malesherbes, son fils, et lui reprocha fortement d'avoir publié un pareil ouvrage, et d'avoir aussi mal choisi son censeur. Il ne s'agissait pas moins que de supprimer le livre, et de faire punir celui qui lui avait donné si légèrement son approbation. Malesherbes défendit l'auteur avec toute la chaleur dont il fut capable : il représenta respectueusement à son père que les reproches qu'on lui faisait étaient mal fondés ; il fit l'analyse de l'ouvrage et de l'esprit de l'historien dans les articles les plus intéressans ; il rappela à son père le mérite et l'exactitude du censeur qu'il avait nommé, et il lui proposa d'arrêter, pendant quelques jours, la vente de l'ouvrage, d'en envoyer un exemplaire à cinq censeurs différens, que son père choisirait lui-même, et de leur ordonner de rapporter, dans le plus bref délai, les passages qui leur paraîtraient devoir être supprimés. Le chancelier y consentit : les cinq censeurs, qui n'avaient pu se concerter, puisque chacun d'eux ignorait qu'on eût donné l'ouvrage à examiner à un autre, firent promptement leur rapport; mais en comparant les passages que chacun d'eux indiquait comme devant être supprimés, on n'en trouva pas un seul qui fût proscrit par tous, ni même par plusieurs : tous les passages indiqués étaient différens, et leur nombre n'était le même dans aucun rapport. Le silence le plus absolu, et même une sorte de confusion, fut la seule réponse à une leçon aussi frappante sur l'arbitraire et l'inutilité de la censure. L'ouvrage se vendit plus que jamais, et on n'en parla plus.

Lorsqu'à l'époque de la disgrace de son père, il cessa d'avoir la direction de la librairie, il continua de s'occuper des moyens de dégager la presse des entraves nombreuses qui en comprimaient l'essor; il rédigea même un mémoire fort bien écrit, et qui contenait des vues extrêmement sages sur cette importante question. Ce mémoire est sans doute devenu, comme tant d'autres, la proie des vandales révolutionnaires : il est d'autant plus fâcheux qu'on ne l'ait pas retrouvé, qu'il aurait pu jeter quelque jour sur une matière qui, depuis la révolution, a excité tant de débats entre les publicistes.

Des hommes de lettres, qui en ont eu communication, assurent que Malesherbes y posait en principe que le despotisme seul peut redouter la liberté de la presse circonscrite dans les justes bornes que prescrivent la politique et le respect dû aux lois et à leurs organes.

Le chancelier Maupou rétablit la censure avec toutes ses formes inquisitoriales ; mais les livres proscrits n'en circulèrent pas moins : ils étaient imprimés dans des lieux écartés, et servaient à enrichir promptement les libraires par un commerce illicite. Les presses de la Hollande ou de la Belgique étaient censées les avoir produits, et la police était obligée d'entretenir une armée d'agens pour empêcher la circulation de livres qu'on n'aurait peut-être pas songé à lire s'ils n'eussent point été défendus.

La retraite de Malesherbes plongea dans la consternatien tous les amis des belles lettres : ils perdaient en lui un père tendre, un ami secourable, un protecteur éclairé. J.-J. Rousseau, qu'il avait toujours accueilli avec distinction, et qui n'eût point été misantrope si tous les hommes puissans eussent ressemblé à Malesherbes, lui adressa la lettre suivante :

« En apprenant votre retraite ;
« j'ai plaint les gens de lettres, mais
« je vous ai félicité : en cessant
« d'être à leur tête par votre place,
« vous y serez toujours par vos ta-

« lens ; par eux , vous embellissez « votre ame et votre asile : occupé « des charmes de la littérature , « vous n'êtes plus forcé d'en voir « les calamités ; vous philosophez « plus à votre aise, et votre cœur a « moins à souffrir. »

On a remarqué, en effet, que Malesherbes a toujours occupé les places qui répugnaient le plus à ses principes et à sa façon de penser : sa qualité de directeur de la librairie le forçait quelquefois à blesser des hommes qu'il portait dans son sein ; mais il disait : « Je suis plutôt le conseil que le censeur des gens de lettres, et je me félicite encore d'exercer un ministère rigoureux, en songeant à tout le mal que pourrait y faire un homme injuste ou passionné. » Comme président de la cour des aides, il avait encore plus à souffrir; il était, en quelque sorte, obligé de sanctionner l'avidité du fisc, et l'oppression du peuple; mais son courage semblait croître avec les obstacles; il disputait pas à pas le terrein à ses adversaires, et, pour leur céder, il fallait qu'il fût forcé dans ses derniers retranchemens.

Rendu tout entier à des fonctions aussi périlleuses qu'honorables, il les exerça avec une nouvelle ferveur, sans craindre l'orage qui grondait sur sa tête.

Chaque jour il opposait de nouvelles protestations à de nouveaux coups d'autorité, et faisait retentir aux pieds du trône les énergiques accens de la vérité.

Son vénérable père, qu'un grand âge et de longs services n'avaient pu soustraire à la haine de ses ennemis, avait été exilé après sa disgrace : lorsqu'il lui fut enfin permis de reparaître, la cour des aides arrêta de le féliciter sur son retour ; le président Choart lui porta la parole en ces termes :

« Monsieur,

« Nous venons, avec le plus grand « empressement, vous témoigner la « joie que nous ressentons de vous

« revoir après une si longue absence,
« d'autant plus sensible à la com-
« pagnie, qu'elle avait éprouvé plus
« particulièrement votre sincère at-
« tachement pour elle et comme
« chef et comme celui de la justice.
« Au milieu de nos peines, il nous
« restait cependant un sujet de con-
« solation ; nous en jouissions dans
« l'illustre magistrat qui nous pré-
« side : cet autre vous-même est l'i-
« mage de vos vertus. »

Malesherbes faisait partie de cette députation : il ne put retenir ses larmes en revoyant un père chargé d'années et de vertus, et dont il était fier d'avoir reçu le jour.

Le chancelier Maupou était loin

de mériter les mêmes éloges : de concert avec le fameux abbé Terray, dont l'administration désastreuse acheva de désorganiser les finances, il portait chaque jour de nouveaux coups à l'ordre judiciaire ; il ne dissimulait même plus le dessein qu'il avait formé de l'anéantir.

Une affaire, dont les détails doivent faire frémir, accéléra l'époque de sa destruction.

Un nommé Guillaume Monnerat avait été arrêté dans son domicile par des agens de la ferme générale, d'après une lettre de cachet obtenue contre lui pour cause de contrebande sur le tabac.

Transféré à Bicêtre, et confondu

parmi les plus vils scélérats, il éprouva des persécutions que l'on épargne à des criminels destinés à la roue : il fut jeté dans un cachot humide et mal sain, où le jour n'avait jamais pénétré; on lui mit au cou une chaîne du poids de cinquante livres, qui l'attachait au mur de cet exécrable lieu; et, après avoir ainsi passé six semaines, il était prêt à expirer, lorsqu'il fut transféré aux Cabanons, où il resta encore dix-sept mois.

Rendu à la liberté, il en consacra les premiers momens à prouver son innocence, et les fermiers généraux furent eux-mêmes obligés de convenir que ce n'était point contre lui que la lettre de cachet avait été expédiée, et qu'une similitude de noms avait causé la méprise.

Pour réparer une erreur aussi cruelle, le moins que devaient faire les fermiers généraux était de dédommager le malheureux Monnerat; ils ne pouvaient même payer trop cher l'assoupissement d'une affaire dont les détails devaient exciter contre eux l'indignation publique : hé bien ! pourra-t-on jamais croire que Monnerat fut obligé de demander lui-même une faible indemnité, et qu'ils eurent la mal-adresse ou plutôt l'infamie de la lui refuser!

Monnerat s'adressa alors à la cour des aides, qui, après une discussion approfondie des faits, condamna les fermiers généraux à une rétractation solemnelle, et à 50,000 liv. de dommages et intérêts.

Marières et Laroche, directeurs de la ferme du tabac, furent en outre décrétés d'ajournement personnel, et leur procès fut instruit dans toute les règles.

Monnerat n'avait pour lui que ses malheurs et son innocence; la cour des aides n'était forte que de son courage : les fermiers généraux avaient de l'argent; aussi Monnerat fut-il sacrifié, la cour des aides réduite au silence, et les fermiers généraux triomphans.

Sur le rapport de l'abbé Terray,

(*) dont le génie fiscal dictait toutes les opérations, le roi cassa l'arrêt de la cour des aides, et lui défendit de donner aucune suite à la procédure : mais celle-ci n'en continuait

---

(*) C'est lui qui, le premier, coupa les rentes par moitié. Le banqueroutier frauduleux, qui paie cinquante pour cent à ses créanciers, aurait été aussi bon contrôleur général. L'abbé Terray avait de dignes agens : son secrétaire écrivait sur une carte les rapports les plus importans ; M. l'abbé y jetait un coup-d'œil, et, après une ou deux pirouettes, prononçait sur la fortune des citoyens :

« Je ne lis jamais les dossiers qu'on me « présente ; l'odorat seul me suffit, disait-il, « et je flaire les bonnes ou les mauvaises af« faires. »

pas moins sa marche, lorsqu'un nouvel édit lui ordonna de cesser les poursuites, à peine d'interdiction totale.

Lorsque l'on réfléchit à de pareilles horreurs, on ne peut s'empêcher de vouer à l'exécration des siècles les ministres infames qui ont étouffé le cri de l'innocence opprimée, et sacrifié à leur avidité effrénée, à leur avarice sordide les droits imprescriptibles de la justice et de l'humanité.

Ce sont eux qui ont produit la plus horrible, la plus épouvantable des révolutions : leur nom doit être placé à la tête de l'histoire des massacres, et le sang de l'innocence égorgée rejaillir sur leur odieuse mémoire !

Malesherbes fit de vains efforts pour épargner aux ministres le scandale de cette affaire ; il écrivit même à M. de Maupou une lettre dont nous allons citer les passages les plus remarquables :

Paris, 28 juillet 1770.

« MONSEIGNEUR,

« Je sais combien il est dange-
« reux pour un premier président de
« s'expliquer en son nom sur les af-
« faires qui intéressent l'autorité du
« roi; mais, dans l'état où sont les
« choses, le danger n'est plus une
« considération qui doive m'arrê-

« ter : il ne m'est plus possible de
« garder le silence ; il ne m'est plus
« possible non plus de ne pas com-
« mencer par vous attester que cette
« affaire n'existe que parce que le
« conseil l'a voulu. J'en ai parlé à
« monsieur le contrôleur général,
« quand j'ai cru qu'elle se traitait
« en finance, c'est à dire avant la
« signification des arrêts du conseil,
« et depuis j'ai eu l'honneur de vous
« en parler à vous-même, parceque
« j'ai su que vous en aviez pris con-
« naissance : vous pouvez même vous
« rappeler, monseigneur, que, le jour
« que le second arrêt nous a été si-
« gnifié, j'ai pris le parti de me pré-
« senter le matin à votre porte, dans

« le moment que vous alliez partir « pour la campagne. J'insistai pour « vous voir; je vous en fis demander « la permission à vous-même, et « vous me la refusâtes. (*)

« Vous saviez cependant que je « pourrais avoir des choses intéres- « santes à vous dire, puisque c'é- « tait ce jour-là même qu'on devait « signifier un arrêt portant menace « d'interdiction. Dans le desir de « pacifier cette affaire, j'ai été (peut-

---

(*) Au même moment où M. de Malesherbes faisait anti-chambre chez Maupou, le fermier général Mazières, poursuivi au criminel, se présenta, entra, et parla au chancelier.

« être au-delà de mon devoir) jus-
« qu'à faire proposer aux accusés
« eux-mêmes de faire des démar-
« ches qui, sans compromettre l'au-
« torité du conseil, pussent ralentir
« l'activité de la cour des aides, et
« *ils s'y sont refusés avec une har-*
« *diesse qu'un fermier général ne*
« *peut pas avoir quand c'est moi*
« *qui fais les avances, à moins d'en*
« *avoir reçu l'ordre, et cet ordre*
« *ne peut avoir été donné que parce*
« *qu'on voulait qu'il y eût une af-*
« *faire d'éclat.*

« Si le gouvernement a voulu sai-
« sir une occasion de faire un acte
« éclatant d'autorité, j'oserai vous
« dire, monseigneur, que cette oc-

« casion est très-mal choisie, parce « que le fonds de l'affaire, qu'on « semble perdre de vue pour ne son- « ger qu'à la forme, est une vexa- « tion criante et odieuse, à laquelle « la cour des aides a voulu s'op- « poser.

« Je ne me dissimule pas, mon- « seigneur, que tout ce que je vous « mande est peut-être inutile ; mais « dans le moment où ma compagnie « est menacée d'anéantissement, « j'aurais trop de reproches à me « faire si je ne vous avais pas dit « ce que je pense avec la liberté et « la vérité à laquelle je me crois « autorisé par la pureté de ma con- « duite et de mes sentimens.

« Je vous avoue même que j'aime « beaucoup mieux m'être expliqué « par écrit que de vive voix.

« Un jour viendra certainement qu'on se repentira d'avoir porté « des coups violens à une cour qui mé- « ritait d'être traitée bien différem- « ment, et on reprochera peut-être « à celui qui était alors à la tête de « cette compagnie de n'avoir pas « fait les efforts nécessaires pour « l'empêcher.

« Vous ne devez pas trouver mau- « vais, monseigneur, que je regarde « cette lettre comme ce qui, dans « tous les tems, sera ma justification « aux yeux du roi, aux yeux de la

« cour des aides, aux yeux de tous
« les honnêtes gens.

« Je suis, avec un profond res-
« pect, » etc.

Cette lettre sage, mesurée, décente excita la colère de Maupou : il jura dès lors à M. de Malesherbes une haine éternelle, et, pour la satisfaire, il imagina, peu de tems après, un moyen dont la petitesse répondait bien à ses vues.

La cour était alors à Compiègne : le malheureux Louis XVI, alors dauphin, devait se rendre à Versailles, le 31 juillet, avec toute sa suite et les autres enfans de France; aussi était-il impossible d'avoir des chevaux de poste sur cette route, et très-difficile de trouver des chevaux de remise à Paris, qui tous étaient retenus pour le voyage des princes et de leurs maisons.

Ce fut précisément ce jour-là que Maupou choisit pour mander à Compiègne M. de Malesherbes et trente autres membres de la cour des aides : il eut soin de ne lui faire parvenir les ordres que la veille, afin de les mettre dans l'impossibilité de s'y conformer, et d'exciter de plus en plus le courroux du roi contre cette compagnie. Mais Malesherbes déjoua cette misérable tactique : il se chargea des préparatifs du voyage, recourut à la bourse de ses amis, trouva, à force d'argent, des chevaux et des voitures, et se chargea lui seul de tous les frais, dans la crainte que quelqu'un de ses collègues, étant dans l'impossibilité d'arriver à l'heure fixée, n'encourût la vengeance du chancelier.

Le roi reçut M. de Malesherbes et les conseillers, et leur adressa, d'un ton très-sévère, le discours suivant :

« Les défenses portées par les ar-
« rêts de mon conseil, des 25 juin
« et 15 juillet derniers, ne vous ont
« point empêché de donner suite à
« vos arrêts que j'ai cassés. Je vous
« défends de nouveau d'aller en avant

« sur cette affaire : (*) le premier
« président et deux présidens vien-
« dront vendredi, 3 août, à midi,
« me rendre compte de la délibé-
« ration que vous aurez prise à ce
« sujet. »

Malesherbes s'y rendit en effet ; et, après avoir annoncé au roi que la cour des aides avait été forcée d'obéir à ses ordres, il lui adressa des remontrances où il attaquait avec force le système d'oppression et de gaspillage qui pesait sur toute la France. C'est dans ce discours, véritable manifeste contre le despo-

(*) Celle de Monnerat.

tisme, qu'on trouve les réflexions suivantes sur les lettres de cachet:

« Ces ordres sont tellement mul-
« tipliés, qu'aucun citoyen n'est as-
« suré de ne pas voir sa liberté sacri-
« fiée à des vengeances personnelles;
« car *personne n'est assez grand*
« *pour être à l'abri de la haine d'un*
« *ministre, ni assez petit pour n'être*
« *pas digne de celle d'un commis.*

« Quand les ordres, dont les sujets
« du roi sont la victime, sont éma-
« nés du propre mouvement du roi,
« c'est sa justice seule qu'on implore:
« mais quand on ne sait par qui ils
« ont été obtenus, on doit se pour-
« voir contre les auteurs d'une vexa-
« tion exercée en vertu d'un ordre

« surpris au roi. Si ce recours n'exis-
« tait pas, quelle ressource auraient
« les opprimés ? Les sujets du roi
« jouissent encore *de ce faible reste*
« *de l'ancienne liberté qu'on ne de-*
« *vrait pas leur envier.* Le mécon-
« tentement d'un maître a des bornes;
« la vengeance d'un ennemi n'en a
« point.

« On ferme la bouche à ceux qui
« ont à se plaindre des lettres de
« cachet, avec cette maxime : qu'il
« ne faut point soumettre à l'inspec-
« tion des tribunaux les secrets du
« gouvernement; maxime qu'on doit
« réellement respecter quand il est
« réellement question des secrets de
« l'administration, mais terrible dans

« ses conséquences, quand on vou-
« dra en inférer qu'il n'y a pas de
« recours contre de pareils ordres
« accordés par les ministres.

« Si les persécuteurs de Monnerat
« ne sont point punis, on obtiendra
« toujours des ordres illégaux, et on
« les exécutera de même; on pren-
« dra seulement plus de précautions
« pour que la cause en reste incon-
« nue, et que personne n'en soit res-
« ponsable; on se permettra même
« encore d'enfermer dans les cachots
« ceux qu'on voudra croire coupa-
« bles; et c'est, à cet égard surtout,
« que l'administration secondera la
« finance, pour empêcher que le flam-

« beau de la justice n'éclaire ce qui « se passe dans ces lieux obscurs.

« Aujourd'hui on croit nécessaires « les lettres de cachet toutes les fois « qu'un homme du peuple a manqué « à un homme en place, comme si « les gens puissans n'avaient pas déjà « assez d'avantages.

« C'est aussi la punition ordinaire « des discours indiscrets, dont on « n'a jamais de preuve que la dé- « lation, *preuve toujours incertaine,* « *puisqu'un délateur est toujours un* « *témoin suspect.* »

La catastrophe que l'on prévoyait depuis si long-tems éclata enfin au mois d'avril 1771 : déjà un lit de justice avait été tenu à Versailles au mois de décembre précédent, et il en était résulté la cassation du parlement, et l'exil de tous ses membres; un tribunal informe, et composé d'hommes vendus à la cour, leur avait été substitué; mais, la plupart ne s'étant point encore rendus à leur poste, le cours de la justice était interrompu, et une foule de malheureux languissaient dans les cachots en attendant l'installation des juges de Maupou.

La cour des aides, que la foudre royale n'avait point encore frappée, se rassembla sur la convocation de Malesherbes, et elle le chargea de faire des remontrances au roi sur la situation désespérante de l'état :

plus le danger était grand, plus il montra de chaleur et d'énergie.

« La terreur ne nous a point ébranlés, disait-il : il est notoire qu'on a fermé tout accès à la vérité ; notre réclamation nous exposera peut-être aux effets d'une haine puissante, mais notre silence nous ferait accuser par toute la nation de trahison ou de lâcheté.

« Les droits de cette nation sont les seuls pour lesquels nous réclamerons aujourd'hui : dans d'autres tems nous vous ferions connaître que ceux de la magistrature ont été violés avec inhumanité ; que les magistrats sont dispersés dans tout le royaume par vos ordres, et que, par un nouveau genre de rigueur, on s'est étudié à chercher des lieux inconnus, où toutes les commodités et même les nécessités de la vie dussent leur manquer, pour aggraver leur disgrace. Les cours sont aujourd'hui les seuls protecteurs des faibles et des malheureux; tous les autres corps sont réduits à une obéissance muette et passive : aucun particulier n'oserait s'exposer à la vengeance d'un commissaire, d'un commandant, encore moins à celle d'un ministre. Quand nous n'aurions pas le plus grand intérêt à remplir nos fonctions, quand nous serions sourds à la voix du devoir, nous ne pourrions l'être aux cris du public, de ce public qui souffre de l'interruption de la justice.

« Il faut que les droits de la nation soient bien violemment attaqués ; il faut aussi que les sentimens d'honneur et de vertu soient bien puissans sur les magistrats, puisqu'ils s'exposent à l'emprisonnement, à l'exil, au dérangement de leur fortune, à celui de leur santé, à la perte même de la vie, qui a été pour plusieurs l'effet de la disgrace.

« Par quelle fatalité veut-on forcer les Français à rappeler à leur maître les lois que la providence lui a imposées en lui donnant la couronne? Vous ne la tenez que de Dieu, sire ; mais ne nous refusez pas la satisfaction de croire que vous êtes aussi redevable de votre pouvoir à la soumission volontaire de vos sujets ; ou plutôt, sans agiter ces tristes questions, qui n'auraient jamais dû l'être sous un règne tel que le vôtre, daignez considérer que la puissance divine est l'origine de toutes les puissances légitimes ; mais que le plus grand bonheur des peuples en est toujours l'objet et la fin, et que Dieu ne place la couronne sur la tête des rois que pour procurer aux hommes la sûreté de leur vie, la liberté de leurs personnes, et la tranquille propriété de leurs biens.

« Les souverains peuvent avoir plus ou moins de puissance, mais ils ont partout les mêmes devoirs : s'il en est d'assez malheureux pour commander à des peuples qui n'aient point de lois, ils sont obligés d'y suppléer autant qu'ils le peuvent par leur justice personnelle, et par le choix des dépositaires de leur autorité.

« *Mais s'il existe des lois, si le peuple les regarde comme un rempart de sa liberté, si elles sont réellement un frein utile contre les abus d'autorité, dispensez-nous, sire, d'examiner si, dans aucun état, un souverain peut se soustraire à de pareilles lois : il nous suffit de dire à un prince ami de la justice qu'il ne le doit pas.*

« On annonce que votre majesté remplacera les membres du parlement qui n'ont pas voulu se rendre les échos serviles de vos ministres : nous osons vous attester, sire, qu'on ne trouvera pour remplir leurs places que des hommes qui, en acceptant cette commission, *signeront leur déshonneur;* les uns qui, par ambition, voudront bien affronter la haine publique; les autres qui s'y dévoueront avec regret, mais qui y seront forcés par l'indigence : *les uns, par conséquent, déjà corrompus ; les autres qui ne tarderont pas à l'être.*

« Tels sont, sire, les juges que vous allez donner à votre peuple, et c'est par eux qu'il sera statué sur la fortune, sur l'honneur, sur la vie des Français! D'un autre côté, les ministres enlèvent à leur gré les propriétés et l'état des citoyens, et l'honneur seul est à l'abri de leurs entreprises, *parce que l'honneur ne peut jamais être flétri par les violences du pouvoir arbitraire.* »

Ces remontrances ne firent qu'exciter davantage le courroux des ministres, et Malesherbes fut exilé dans ses terres par une lettre de cachet datée du 8 avril. Il ne tarda pas à y apprendre que le duc de Richelieu, escorté d'une nombreuse force armée, était venu dissoudre, au nom du roi, l'auguste tribunal qu'il avait présidé avec tant de distinction. (*)

Voici la lettre qu'il écrivit à un de ses amis, au sujet de cet évènement :

Le 11 avril 1771.

« Il est vrai que le coup qu'on
« vient de porter à la cour des ai-
« des est le plus grand malheur

(*) Le maréchal de Richelieu, après la dissolution de la cour des aides, voulut prendre en sortant un rang qui ne lui appartenait pas ; le président s'y opposa, en lui demandant ses ordres : le maréchal répondit que *ses ordres étaient des troupes, et il les fit entrer.*

Voilà de ces preuves sans réplique.

« que je puisse éprouver : j'étais pré-
« paré, dès l'année dernière, à tout ce
« qui me serait personnel. Vous vous
« souvenez de cet arrêt du conseil, à
« peine d'interdiction, qui nous fut
« signifié : il était évident qu'on nous
« cherchait cette querelle, et qu'on
« nous faisait cette insulte pour nous
« porter à quelque démarche qui
« servît de prétexte à interdiction ou
« à cassation.

« M. le chancelier et M. l'abbé Ter-
« ray marchaient alors de concert : il
« était visible que M. le chancelier
« voulait intimider, par un exem-
« ple, le parlement, avec lequel il
« commençait alors à se brouiller,
« ou qu'il voulait faire l'essai de ses

« forces contre une compagnie moins
« puissante. Sans doute aussi quel-
« ques intendans des finances, ou
« quelques financiers, voulaient sai-
« sir cette occasion de perdre une
« compagnie qui a toujours été pour
« eux un surveillant redoutable.

« Quoi qu'il en soit, ce projet
« était si évidemment inique, qu'il
« suffisait de le dévoiler pour le faire
« échouer. Il fallait seulement pour
« cela me dévouer à la haine du
« chancelier, et c'est ce que je fis:
« je lui écrivis une lettre (*), et je
« lui démontrai, dans les termes
« les plus précis, sa mauvaise foi

(*) Voyez la page 76.

« dans toute cette opération ; j'an-
« nonçai que je rendrais un jour cette
« lettre publique. On le craignit
« sans doute, car on mit l'affaire en
« règle, et le projet ne fut pas effec-
« tué pour lors ; mais je pensai bien
« qu'on chercherait d'autres occa-
« sions, et qu'on en trouverait. Je n'a-
« vais point eu, jusqu'à ce moment, de
« discussion avec le chancelier, et
« depuis je n'en ai eu ni avec lui, ni
« avec aucun ministre, pour aucune
« affaire qui lui fût personnelle.

« Quand j'ai vu, cette fois, l'achar-
« nement avec lequel on empêchait
« le roi de m'entendre, je n'ai pas
« douté que le jour des vengeances
« ne fût arrivé. »

« J'ai fait une démarche que j'ai « cru devoir à une compagnie dont « je voyais que la perte était jurée, « et l'évènement n'a que trop prouvé « que je ne m'étais pas trompé.

« J'ai cru qu'il suffisait d'offrir « une victime pour empêcher qu'on « ne se portât à un parti aussi ex- « trême que de détruire la première « cour des aides du royaume. Je vois « avec douleur qu'il ne restera à « nos confrères aucune ressource, et « qu'ils se trouveront privés de leur « état et d'une portion de leur for- « tune qui, pour plusieurs, est le né- « cessaire : car vous pensez bien que « des charges liquidées suivant la

« fantaisie du contrôleur général, (*)
« et dont le remboursement ne sera
« pas plus assuré que celui des effets
« royaux, perdront au moins les trois
« quarts de leur valeur. Voilà à quoi
« on vient de déterminer le roi, sans
« que les parties intéressées aient été
« prévenues, sans qu'un seul mot de
« réclamation leur ait été permis.
« Ces réflexions sont inutiles : les
« faits suffisent.

« Tout ce que je puis vous dire sur
« ce qui me regarde, c'est que, si le
« desir de me perdre a pu contri-
« buer, en quelque chose, au mal-
« heur de ma compagnie, c'est tout

(*) L'abbé Terray.

« ce que la vengeance la plus inju-
« rieuse a pu imaginer de plus cruel.

« Ma seule consolation est de son-
« ger que les seules démarches, par
« lesquelles j'ai pu irriter le gouver-
« nement, sont ma lettre de l'an
« passé à M. le chancelier, et les
« remontrances sur les lettres de ca-
« chet, et sur la dissolution du par-
« lement. Or, ma lettre à M. le chan-
« celier était nécessaire pour empê-
« cher qu'on n'exécutât contre la
« compagnie, en 1770, ce qui
« vient d'être exécuté. Et quant
« aux autres remontrances, il me
« semble qu'elles ont paru dans des
« circonstances où les corps, ainsi

« que les particuliers, devaient se sa-
« crifier pour le bien de l'état.

« Ce témoignage que je me rends
« est très-suffisant pour me consoler
« du malheur qui m'est personnel;
« mais il ne l'est pas pour celui qu'on
« fait éprouver à mon corps et à mes
« amis.

« Je suis, » etc.

Malesherbes, éloigné du théâtre des affaires, passait des jours plus sereins dans sa campagne; il partageait ses loisirs entre sa famille, ses livres et la culture de ses jardins.

Il avait écrit une foule de notes précieuses sur l'état politique de la France, l'administration de la justice, l'agriculture et l'histoire naturelle : ces notes, qu'il se proposait de mettre en ordre, et qui furent enlevées dans la suite par les monstres révolutionnaires, respiraient une philantrophie éclairée, un amour ardent de son pays, et une noble et courageuse indépendance.

Les instans de sa journée étaient tous marqués par de bonnes actions ou par des découvertes utiles : levé avant l'aurore, il allait observer les progrès de la végétation, et il admirait dans un respectueux silence ces merveilles, sans cesse renaissantes, que la nature prodigue à l'humanité.

Il encourageait, par son exemple, les nombreux ouvriers qu'il employait à la culture ; la bêche à la main, il aimait à fatiguer la terre, et il ne quittait le travail qu'au moment où la sueur inondant sa figure vénérable, il allait se reposer sous l'ombrage des bois qu'il avait plantés lui-même.

Son château était meublé de la manière la plus simple : il aimait mieux faire vivre cent ouvriers que de placer des sommes immenses dans un mobilier somptueux ; son logement était, d'ailleurs, distribué d'après les règles gothiques de la vieille architecture ; aussi les hommes à la mode lui conseillaient-ils de le renverser pour le rebâtir sur un nouveau plan : mais il le tenait de son père, tous ses aïeux l'avaient habité, et il le conservait comme un bien de famille, comme un monument sacré de son attachement et de son respect pour ses ancêtres.

Sa table était servie très-économiquement, son domestique peu nombreux, et cependant il dépensait par année des sommes considérables, mais il les employait à l'agrément, à l'utilité de ses vassaux : des canaux creusés avec soin, des prairies artificielles, des marais desséchés, des chemins vicinaux pratiqués avec intelligence, des digues opposées à la fureur des eaux, des promenades charmantes, des plantations précieuses, tels étaient les objets auxquels Malesherbes employait ses revenus.

Il avait fait construire des ponts solides pour faciliter les communications : les voyageurs avaient aussi excité sa bienfaisance paternelle ; un chemin ombragé et voisin de la grande route les garantissait de l'ardeur du soleil ; des sièges commodes servaient à reposer de ses fatigues le malheureux piéton, et une source d'eau vive à appaiser sa soif brûlante.

Il s'était aussi occupé d'adoucir les travaux d'un sexe faible et respectable : il avait fait construire des abris commodes sur la rivière, où les soins pénibles du ménage, et l'économie domestique amènent les villageoises jusque dans les saisons les plus rigoureuses.

Aussi les habitans le chérissaient-ils comme un père : tous jouissaient d'une honnête aisance ; les enfans avaient une bonne instruction, les vieillards étaient honorés, et le laboureur qui avait le mieux cultivé ses champs, le mieux entretenu ses troupeaux, recevait un prix d'encouragement qui excitait une noble émulation, et dirigeait tous les travaux vers l'amélioration de l'agriculture.

Malesherbes aimait surtout à s'occuper de l'histoire naturelle, et il avait même de grandes connaissances dans cette partie : on a de lui des observations intéressantes sur le mélèze et le mahaleb, ou bois de Sainte-Lucie. Il a fait également un travail particulier sur les pins, un autre sur les orchis, etc.

Il avait fait planter dans sa terre de Malesherbes une foule d'arbustes et de plantes étrangères ; il était même parvenu à les acclimater, et à les multiplier tellement, qu'en errant dans ses bois on se croyait transporté dans les contrées lointaines où croissent l'acacia, le palmier, les arbres de Judée, etc.

Des rochers élevés, de magnifiques cascades, des pins majestueux ajoutaient encore à l'illusion, et formaient le site le plus pittoresque, le coup d'œil le plus enchanteur.

Tandis que ce sage vénérable oubliait, dans le sein de la bienfaisance, les basses manœuvres de l'intrigue, les trafics honteux de la corruption, et les violences arbitraires du despotisme, Louis XV usait, dans les bras de ses maîtresses, les restes d'une vie crapuleuse, et ses perfides conseillers creusaient, tous les jours davantage, l'abime qui devait engloutir l'antique colosse de la monarchie.

Louis XVI monta sur le trône au milieu des acclamations publiques : ce jeune prince, né avec un cœur sensible, un esprit droit, une intègre probité, était l'espoir de la nation, et sans doute il eût réalisé son bonheur; si les plaies de l'état eussent été moins profondes, ou plutôt s'il eût allié, aux vertus d'un père de famille, la fermeté d'un homme d'état.

Son successeur lui laissait de grands malheurs à réparer : la corruption était parvenue à son comble; les droits de la justice étaient foulés aux pieds; une dette énorme pesait sur la France; le fisc la rongeait impitoyablement; tous les fléaux accablaient ce malheureux pays. Les premiers actes d'autorité de Louis XVI rendirent l'espérance à toute la nation. Qui eût jamais pensé que l'aurore d'un si beau règne serait suivie d'une longue nuit de larmes et de malheurs !

Le jeune roi s'empressa de rendre au peuple les magistrats qu'on lui avait si scandaleusement enlevés ; le 10 novembre 1774 ; Malesherbes reçut à sa campagne un ordre qui lui enjoignait de se rendre, le surlendemain 12, au lieu où la ci-devant cour des aides tenait ses séances. Le comte d'Artois, accompagné d'un grand nombre de princes et de maréchaux de France, y apporta un édit du roi qui rétablissait ce tribunal dans tous ses privilèges.

Malesherbes fit la réponse suivante :

« MONSEIGNEUR,

« Le roi vient d'avoir sous les yeux le spectacle le plus flatteur pour un grand prince, et le plus attendrissant pour une ame sensible; celui des acclamations libres et sincères de toute une nation : c'est cette nation dont la reconnaissance a précédé, pour ainsi dire, les bienfaits du roi, et au vœu de laquelle le roi a répondu en la consultant sur le choix de ses ministres.

« Ces témoignages éclatans de l'amour des Français pour leur maître seront éternellement gravés dans le cœur du roi, et, sans doute, ils banniront pour toujours ces sombres défiances qui font également le malheur des princes et celui des peuples.

« S'il s'élevait jamais de *ces génies inquiets qui ne peuvent avoir d'existence que par les troubles*, s'ils osaient faire entendre ces maximes funestes :

« Que la puissance n'est jamais assez respectée quand la terreur ne marche pas devant elle ; que l'administration doit être un mystère caché aux regards du peuple, parce que le peuple tend toujours à se soustraire à l'obéissance, et que toutes ses représentations, ses supplications même sont des commencemens de révolte ;

« Que l'autorité est intéressée à soutenir tous ceux qui ont eu le pouvoir en main, lors même qu'ils en ont abusé ; enfin, que les plus fidèles sujets d'un roi sont ceux qui se dévouent à la haine du peuple,

« Alors, monseigneur, sans recourir à ce qui s'est passé dans les jours heureux de Saint-Louis, de Charles V, de Louis XII, de Henri IV, il suffira au roi de se rappeler ce qu'il a vu dans les premiers instans de son règne : et vous, monseigneur, qui en avez été témoin, et qui êtes assis à côté du trône, nous espérons que vous lui retracerez sans cesse avec quelle tendresse, quelle franchise, quelle effusion de cœur la nation entière s'est jetée entre les bras de son jeune souverain : c'est ce que la France attend de vous et de ceux qui, comme vous, sont chers au roi, et s'intéressent à sa gloire.

« Tandis que presque tous ses momens sont consacrés aux soins pénibles du gouvernement, et que, peut-être, on emploiera bien des séductions pour empêcher la vérité de parvenir jusqu'à lui, ce sera vous qui recueillerez les vœux du peuple, qui en serez le fidèle interprète, qui entretiendrez entre le roi et la nation cette relation continuelle, cette précieuse intelligence, j'oserai dire cette confiance intime qui, dans ce moment, fait notre bonheur, et qui est nécessaire pour la prospérité des empires. »

Lorsque le comte d'Artois fut retiré, il adressa à ses collègues le discours que l'on va lire :

« Messieurs,

« Notre ancien usage est de nous assembler chaque année pour nous entretenir des pertes que nous avons faites, et nous exciter réciproquement à la pratique des devoirs essentiels de la magistrature.

« Le respect nous impose silence sur les malheurs que nous avons éprouvés ; nous ne devons plus y considérer que la main juste et bienfaisante qui nous rend à nos fonctions : mais quel est le genre de vertu auquel on peut exhorter des magistrats tels que vous ?

« Il en est une, messieurs, qui est la base de toutes les autres, et qui, dans ce moment, doit être l'unique mobile de toutes vos actions; l'amour du bien public.

« Ne perdons point un moment précieux qui doit devenir l'époque la plus heureuse de cette monarchie: un roi jeune est monté sur le trône avec un amour ardent pour la vérité, et le courage nécessaire pour l'entendre : ayons celui de la lui faire parvenir.

« Ne regardons aucun obstacle comme insurmontable ; croyons, au contraire, que celui qui vient de rendre au peuple ses juges légitimes ne voudra point mettre d'entraves à leur zèle : la justice est dans le cœur du roi; la nation a tout à espérer.

« Dans d'autres tems, notre unique emploi était l'exécution littérale des lois positives, et cette observation stricte des lois est encore notre seul devoir en qualité de juges; mais, aujourd'hui, quand nous plaiderons en présence d'un roi législateur la cause de la nation, porterons-nous le respect pour les lois actuellement existantes jusqu'à n'oser faire connaître ce qu'elles peuvent contenir d'abusif, de dur, ou même d'injuste ?

« Non, messieurs : le tableau des lois les plus rigoureuses sera mis par vous sous les yeux d'un roi qui veut le bonheur de ses sujets, et si la nécessité qui les a fait introduire n'en permet pas l'abolition, comptez au moins, comptez avec assurance sur tous les soulagemens qu'on a droit d'attendre d'une humanité éclairée.

« Tels sont, messieurs, les grands objets qui vous occuperont dans vos assemblées particulières, et nul de vous ne me désavouera si j'annonce que vous en prenez l'engagement en présence du public; de ce public qui juge les magistrats, qui juge les ministres, dont il n'est aucune puissance sur la terre qui n'ambitionne le suffrage; de ce public, osons le dire, messieurs, à qui, dans ce grand jour, nous nous croyons attachés par de nouveaux liens, ceux de la reconnaissance.

« Messieurs, la solemnité de ce grand jour ne nous fera point oublier que nous avons des larmes à répandre : je veux vous parler de ce magistrat (*) que la mort vient de nous ravir, et qui était aussi cher à ses confrères, par la douceur de sa société, qu'utile dans ce tribunal par la justesse de son esprit, et par la vertu la plus pure.

« Vous savez tous combien il était fidèle ami, parent tendre, zélé citoyen, zélé magistrat; mais vous

(*) M. Petit de Leudeville.

ignorez peut-être jusqu'à quel point son attachement pour cette compagnie s'est signalé dans les derniers instans de sa vie : il était entouré d'une famille vertueuse, et à laquelle il était cher, d'une épouse en larmes, d'un fils, son unique espérance ; ses vœux se tournèrent vers vous, messieurs, vers sa compagnie alors dispersée, alors gémissante sous les coups qui avaient frappé toute la magistrature ; et, sans être effrayé du malheur des tems, il chargea ceux qui lui survivraient de vous demander, comme la faveur la plus précieuse, d'adopter son fils. Ce dernier desir d'un père expirant me fut porté dans la retraite où j'étais confiné ; la lettre était écrite de la main de sa veuve éplorée , et j'osai la comparer à ces illustres républicaines qui, dans les plus grands désastres, allaient féliciter celui qui n'avait pas désespéré du salut de la patrie.

« J'ai pensé, messieurs, que cette anecdote touchante n'était pas indigne d'être rapportée dans cette auguste assemblée. »

(S'adressant ensuite aux avocats généraux.)

« Gens du roi.

« Si l'antiquité a produit les orateurs célèbres qui sont encore aujourd'hui nos modèles, c'est dans ces fameuses républiques où un simple citoyen pouvait discuter les plus grands intérêts de l'état en présence du peuple.

« Aujourd'hui, c'est à vous seul qu'est réservé le droit éminent et de parler au peuple et de veiller à l'intérêt public.

« Exercés depuis long-tems dans cet auguste ministère, accoutumés à préparer les oracles de la justice, honorés de la confiance de ce public dont vous êtes les défenseurs, la cour attend tout de votre zèle et de vos lumières; elle en attend, surtout dans cet instant mémorable, de nouveaux efforts pour démasquer l'iniquité, pour faire triompher la vérité, pour seconder les vues patriotiques d'un roi qui ne voudra régner que par la justice.

« Et vous, orateurs du barreau, vous qui avez pu sacrifier à la rigueur des principes les intérêts les plus chers à presque tous les hommes, (*) sortez, il en est tems, de ces retraites respectables, où vos talens ont été si long-tems ensevelis, et venez recevoir des mains du public la seule récompense digne de vos vertus.

« Paraissez aussi, vous qui, dans les tems les plus malheureux, fûtes

(*) Pendant la suppression du parlement et de la cour des aides, les avocats les plus célèbres s'étaient abstenus de plaider.

toujours de courageux défenseurs des citoyens, vous dont la présence a soutenu plus d'une fois la justice chancelante, et qui, dans ce jour fortuné, jouissez du bonheur de vous voir réunis à ces illustres confrères dont vos cœurs n'ont jamais été séparés.

« Magistrats, orateurs, citoyens de tous les ordres, n'oublions jamais que le plus grand attentat contre une nation est de semer le germe des divisions intestines, et que le plus grand bienfait du monarque, aujourd'hui si cher à son peuple, est d'avoir paru en pacificateur dans le temple de la justice.

« Couronnons l'ouvrage qu'il a si

glorieusement commencé, et achevons de confondre les auteurs des calamités publiques, en arrachant de nos cœurs tous les levains de discorde, en faisant luire, après les orages, le jour le plus pur, le plus calme, le plus serein. Oublions les malheurs, excusons les faiblesses, sacrifions les ressentimens, et ne nous permettons qu'une noble émulation, toujours dirigée vers le bien public. »

Après ce discours sage et touchant, Malesherbes fit arrêter que la cour des aides remercierait le roi de l'avoir rétablie, et ce fut lui qu'elle chargea de cette honorable mission : il se rendit en conséquence à Versailles le 27 novembre 1774, et il parla au roi en ces termes :

« Sire,

« Le premier instant de votre règne a été marqué par des acclamations, témoignages de l'amour des peuples et de leurs espérances.

« Ceux qui n'avaient point encore été admis aux pieds de votre trône, ont aujourd'hui l'avantage de pouvoir être les interprètes d'un peuple heureux.

« Votre règne, sire, sera celui de la justice. Vos immortels ancêtres ont occupé et affermi, pendant huit cents ans, le premier trône de l'univers : après huit siècles de combats et de gloire, il est tems d'obtenir la tranquillité et le bonheur.

« Le tems est venu, sire, où des hommes plus éclairés savent que les vertus qu'ils doivent révérer sont les vertus pacifiques, la bienfaisance, et surtout la justice, qui est la vraie bienfaisance des rois.

« C'était un législateur que nous demandions, sire, et les premiers actes de votre administration ont fait reconnaître en votre majesté celui que la providence nous a destiné.

« Des lois sages introduiront des mœurs pures; des lois sages rendront l'état puissant par le bonheur des particuliers; des lois sages peuvent seules rendre le bonheur du peuple solide et durable : car les effets de la seule bienfaisance ne sont jamais momentanés.

« Ministres de la loi, nous oserons offrir à votre majesté le fruit de nos travaux et de notre expérience, et elle ne nous refusera pas la gloire de contribuer aux grandes réformations que dictera sa sagesse : heureux si notre existence peut devenir utile et à un roi (il nous est permis de le dire après votre majesté elle-même) à un roi qui nous rend au vœu de la nation, et à la nation à qui nous devons le retour des bontés du roi notre maître. »

Malesherbes avait promis de dire la vérité au roi, et il ne tarda pas à lui en faire entendre les accens.

Dans un mémoire très-détaillé, il mit sous ses yeux la situation affligeante du royaume ; il lui peignit en traits de feu les calamités auxquelles il était en proie, et lui indiqua avec franchise les remèdes qui pouvaient le sauver de la plus terrible dissolution.

« Il est nécessaire, sire, lui disait-il, de venir au secours d'un peuple accablé d'impôts : nous devons vous montrer le terrible spectacle du plus beau royaume de l'univers, gémissant sous une tyrannie qui fait tous les jours de nouveaux progrès. On loue, sire, et on implore en même tems votre bienfaisance : mais nous, défenseurs du peuple, c'est votre justice que nous devons invoquer, et nous savons que presque tous les sentimens dont l'ame d'un roi est susceptible, l'amour de la gloire, celui des plaisirs, l'amitié même, le desir de rendre heureux ceux qui approchent de lui, sont des obstacles perpétuels à la justice rigoureuse qu'il doit au peuple, *parce que ce n'est qu'aux dépens du peuple qu'un roi est vainqueur de ses ennemis, magnifique dans sa cour, et bienfaisant envers ceux qui l'environnent.*

« Et si la France, et peut-être l'Europe entière, est accablée sous le poids des impôts; si la rivalité des puissances les a entraînées à l'envi dans des dépenses énormes qui ont rendu ces impôts nécessaires, et si ces dépenses sont encore doublées par une dette nationale immense, il faut vous souvenir que vos ancêtres ont été couverts de gloire, mais que cette gloire est encore payée par les générations présentes; qu'ils captivèrent les cœurs par leur libéralité, qu'ils étonnèrent l'Europe par leur magnificence, *mais que cette libéralité et cette magnificence ont fait créer les impôts et les dettes qui existent encore aujourd'hui.*

« Il faut aussi que votre majesté se rappelle sans cesse que le vertueux

Louis XII, malgré sa passion pour la guerre, ne se crut jamais permis d'employer des moyens qui auraient été onéreux au peuple, et qu'*il eut le courage de s'exposer aux reproches d'avarice de la part de ses courtisans, parce qu'il savait que, si l'économie d'un roi peut être censurée par quelques hommes frivoles ou avides, sa prodigalité fait couler les larmes d'une nation entière.*

« Cependant, sire, tandis que cette économie vous est demandée par les vœux universels de toute la nation, ceux qui ne font consister la grandeur souveraine que dans le faste sont toujours ceux qui approchent le plus près du trône, *et pendant que le misérable, à qui la dureté des impôts arrache sa subsistance, est éloigné de vos regards, les objets de votre bienfaisance et de votre magnificence sont continuellement sous vos yeux.*

« Nous osons espérer, sire, que vous vous déterminerez à l'acte de justice qui honorera le plus votre règne, à examiner tous les ordres qui retiennent encore aujourd'hui des citoyens dans l'exil ou dans la captivité.

« De cet examen, il résultera cette vérité que des ordres attentatoires à la liberté des citoyens ne doivent jamais être accordés ni pour des intérêts particuliers, ni pour venger des injures, *parce que, dans un pays où il y a des lois, on n'a pas besoin d'ordres ex-trajudiciaires ; et que, d'ailleurs, de tels ordres sont donnés aux puissans contre les faibles, sans réciprocité, ce qui est la plus criante de toutes les injustices.*

« On ne manquera pas de dire qu'il y a des cas où c'est pour l'ordre public qu'il faut des actes d'autorité qui ne soient pas revêtus des formalités de la justice.

« On dira aussi qu'il est quelquefois utile de suppléer à la lenteur de la justice réglée qui laisserait évader des coupables ; que, pour la police et la sûreté des grandes villes, il faut pouvoir s'assurer des gens légitimement suspects. Mais quand on aura discuté toutes ces considérations en votre présence, sire, et qu'on aura mis sous vos yeux les abus qui en ont été faits, vous reconnaîtrez, sire, que ce sont de vains prétextes qui n'auraient jamais dû faire livrer à la puissance arbitraire la liberté des citoyens, ou, du moins, qu'il faut réserver aux opprimés la faculté de réclamer contre la violence.

Que, si l'ordre public veut qu'on s'assure d'un homme légitimement suspect, la légitimité des soupçons doit être constatée, en sorte que *celui qui a été la victime innocente de ces précautions politiques puisse demander et obtenir une indemnité, et qu'il sache au moins pourquoi et par qui cette violence est exercée.*

« Nous réclamons aujourd'hui contre le despotisme : vous nous permettrez, sire, de nous servir du terme de *despotisme*, tout odieux qu'il est : dispensez-nous de recourir à des circonlocutions embarrassantes, quand nous avons des vérités importantes à vous rendre sensibles.

« Sire, on a travaillé à étouffer en France tout esprit municipal, à éteindre, si on le pouvait, jusqu'aux sentimens de citoyen : on a, pour ainsi dire, interdi la nation entière, et on lui a donné des tuteurs. »

Malesherbes fait ensuite une sortie violente contre les intendans, les subdélégués, et se permet sur les ministres cette remarque frappante de vérité :

« L'intérêt d'un ministre n'est pas toujours celui du roi : par exemple, quand il est question d'asservir le peuple à tous les suppôts de l'administration, sous prétexte de maintenir l'autorité, ou d'étendre cette administration jusque sur les plus petits objets, il y a une grande différence entre ces deux intérêts ; *car il n'est pas étonnant qu'un particulier devenu ministre soit flatté des plus petits détails de la puissance ; qu'il ait partout des amis à protéger, et des ennemis à persécuter ; que son orgueil se repaisse de la multiplicité des hommages qu'entraîne la multiplicité des pouvoirs.*

« Il existe nécessairement, ajoutait-il, deux partis dans un état ; d'un côté, tous ceux qui approchent du souverain ; de l'autre, tout le reste de la nation. Que les opprimés puissent donc vous faire entendre leur voix, sire : le jour où vous leur aurez accordé cette précieuse liberté, on pourra dire qu'il a été conclu un traité entre le roi et la nation contre les ministres et les magistrats ; contre les ministres, s'il en est d'assez pervers pour vouloir vous cacher la vérité; contre les magistrats, s'il en est jamais d'assez ambitieux pour prétendre avoir le privilège exclusif de vous la dire. »

On a cru devoir donner une certaine étendue aux passages tirés de ce mémoire, parce que les grands principes qui y sont consacrés sont de tous les tems, et de tous les lieux.

Si Malesherbes était digne de dire la vérité à son roi, Louis XVI était digne de l'entendre : il voulut s'entourer de toutes les lumières, de toutes les vertus ; il appela autour de sa personne les hommes les plus recommandables par leurs talens et leur probité ; enfin il jeta les yeux sur Malesherbes lui-même, et, au mois de juin 1775, il le nomma ministre d'état.

La nouvelle de sa nomination fut le signal de l'allégresse publique : les malheureux r'ouvrirent leur cœur à l'espérance ; les gens de lettres et les philosophes virent dans son élévation le triomphe des sciences et des arts ; toute la nation fit éclater les plus vifs transports : les hommes rapaces, les courtisans, les sangsues publiques furent les seuls qui ne prirent point de part à la joie universelle.

Ses collègues, à la tête desquels

il était placé depuis plus de vingt-cinq ans, ne purent se séparer de lui sans la plus vive douleur : une perte aussi sensible leur fit répandre autant de larmes que celle d'un père tendrement aimé. En effet, Malesherbes avait toujours dirigé leurs opérations, soutenu leur courage, ranimé leur énergie pendant une carrière longue et orageuse ; ils l'avaient vu sans cesse occupé de la grande pensée du bien public, et honorant par ses vertus le tribunal à la tête duquel il était placé.

Lorsque sa démission parvint à la cour des aides, elle arrêta de se transporter en masse à son hôtel pour lui exprimer les vifs regrets que lui causait une séparation si cruelle.

L'ancien des présidens lui adressa la parole en ces termes :

« Monsieur,

« La cour des aides n'a pas con-
« sulté les registres pour remplir au-
« près de vous un devoir que le cœur
« a dicté à chacun de ses membres ;
« elle est trop pénétrée du regret de
« vous perdre, et de la reconnais-
« sance des marques d'intérêt et
« d'attachement dont vous l'avez
« comblée, pour ne pas venir vous
« témoigner ses sentimens, et vous
« assurer qu'ils ne s'effaceront ja-
« mais de sa mémoire : elle desire-
« rait qu'il fût permis d'en consi-

« gner un monument qui pût passer
« à la postérité, et que votre mo-
« destie voulût bien y consentir.
« Elle ne vient pas vous offrir des
« éloges, ils seraient tous indignes
« de vous ; mais vous ne refuserez
« jamais les hommages du cœur, et
« vous saurez toujours les apprécier.
« Le roi vous appelle auprès de sa
« personne ; vous lui avez fait enten-
« dre la voix de la vérité, et c'est
« cette voix qui a décidé son choix.
« Nous sommes assurés que l'air
« contagieux que vous allez res-
« pirer ne fera aucune impression
« sur une ame telle que la vôtre ; et
« la nation entière, pleine de con-
« fiance dans un magistrat qui a dé-

« fendu ses droits avec tant de ma-
« gnanimité et de désintéressement,
« est persuadée que la vérité sera
« toujours la même dans votre bou-
« che. »

Malesherbes voulut en vain répondre à ce discours : son émotion, ses larmes étouffèrent sa voix, et il ne put que se jeter dans les bras de ses dignes et respectables amis.

Cette scène touchante mérite d'autant plus d'être remarquée, qu'elle est infiniment rare : on compte bien peu d'hommes puissans qui aient emporté dans leur retraite les regrets et les hommages de ceux qui leur furent soumis : on en trouve des milliers qui y ont accompagné l'horreur et l'exécration publique.

La réception de M. de Barentin, son successeur, fit éclater encore le respect et l'admiration de ses anciens collègues. L'avocat général dit au nouveau premier président :

« Monsieur, vous venez succéder à un grand homme, mais que la gloire de votre prédécesseur, que ce nom, fait pour éveiller dans tous les cœurs honnêtes les émotions les plus douces, ne porte point dans le vôtre un sentiment de crainte ; que sa vertu ne soit pour vous qu'un objet d'émulation : connu partout, partout admiré, c'était ici que, plus connu encore, il était tendrement aimé.

« En public, nous jouissions de sa gloire, ici de ses vertus : il était fait, par son génie, pour être l'oracle de nos assemblées ; il ne voulait en paraître que l'organe : c'est comme le père de la patrie que le roi l'a réclamé. Il triomphe en l'obtenant ; et nous en le perdant, nous triomphons encore une fois de pouvoir dire avec confiance à ce public qui nous écoute : citoyens de tous les ordres, si le roi, voulant en ce moment se choisir un ministre digne de lui, eût pu vous rassembler tous, et qu'au milieu de cet appareil imposant, il vous eût demandé un homme éclairé, un homme de bien, qui auriez-vous nommé sans balancer ? Je vous entends : ces voûtes me semblent être en ce moment les échos de toute la France. Et voilà les éloges dignes de cet homme qui croyait n'en mériter cependant que pour n'avoir jamais désespéré du salut de la patrie ! »

Il est impossible de rien ajouter à cet éloge, et toute la magie de l'éloquence, tout le prestige d'un style pompeux ne feraient pas mieux connaître Malesherbes que ce discours simple et touchant.

Il va maintenant paraître dans une carrière plus brillante ; mais son élévation ne corrompra point son cœur, et l'éclat de ses vertus l'emportera toujours sur l'éclat de sa puissance : il ne dissimule point que les approches du trône sont parsemées d'écueils ; qu'il va se trouver seul dans un labyrinthe d'intrigues : son courage le préservera des uns, sa sagesse lui servira de guide au milieu des autres. La vérité a fui loin des cours : il osera l'y ramener ; il en présentera le miroir aux grands, effrayés de s'y reconnaître, et dût-il succomber sous les coups de la bassesse et de l'envie, il emportera dans sa disgrace l'estime de tous les hommes honnêtes, et la certitude consolante d'avoir bien servi son pays et son roi.

Tels furent les motifs de Malesherbes lorsqu'il accepta la place de ministre d'état, et l'on verra bientôt qu'il ne s'écarta pas un instant de la marche qu'il s'était tracée.

Il ne se laissa point éblouir par le faste de la cour, et, persuadé qu'un ministre s'honore plus par une bonne administration que par des dehors brillans, il conserva la même simplicité dans ses manières et dans son costume.

L'usage ne permettait pas aux magistrats de garder les marques distinctives de leurs fonctions lorsqu'ils arrivaient au ministère; ils étaient obligés de remplacer leur habit noir et leur coiffure par une bourse et une épée.

Malesherbes, qui pensait que le costume de magistrat était tout aussi respectable qu'un autre, et qu'il y aurait à son âge une sorte de ridicule à en changer, conserva toujours le sien.

Ce fait, bien simple en lui-même, fit cependant une grande sensation: les courtisans s'en entretinrent sérieusement; car ces messieurs avaient un souverain mépris pour la noblesse de robe, et peu s'en fallut qu'on ne fît d'un habit noir une affaire d'état. Un jour, *Lamartinière*, premier chirurgien du roi, allant remplir les devoirs de sa place, rencontra Malesherbes dans l'Œil-de-Bœuf: ils avaient l'un et l'autre le même costume, l'habit noir complet et la perruque magistrale : Lamartinière, s'approchant de Malesherbes, lui frappa sur l'épaule, et lui dit : Bonjour, *pater*. Bonjour, *frater*, lui répliqua aussitôt Malesherbes en riant de la méprise.

Au milieu des méditations les plus profondes, il conserva toujours une gaîté, une vivacité de réparties bien rare chez un homme d'état : il ne rebuta jamais ceux qui venaient réclamer sa justice ou sa protection.

Malesherbes avait à peu près les attributions qui sont attachées aujourd'hui au ministère de l'intérieur : sa place lui donnait par conséquent les moyens d'encourager les belles-lettres, l'agriculture et tous les arts utiles; mais le premier besoin de son cœur fut de venir au secours de l'infortune, et de réparer les violences du pouvoir arbitraire : aussi se fit-il rendre un compte exact de la situation des prisons et du nombre des détenus; il ne se contenta pas de prendre des renseignemens, il voulut juger par lui-même, et, le 27 août 1775, il se rendit au château de Vincennes, interrogea les prisonniers avec bonté : il assura les victimes de l'arbitraire qu'une justice prompte et éclatante leur serait rendue, et prodigua les plus tendres consolations à ceux que des motifs graves, ou des raisons d'état privaient de leur liberté.

Les promesses de Malesherbes ne tardèrent pas à se réaliser : les prisons, encombrées sous le duc de la Vrillère, ne renfermèrent bientôt plus que des malfaiteurs ou des êtres dangereux pour la société. Tous ceux qui avaient expié, par une longue captivité, de légères indiscrétions, de simples propos, ou une franchise peut-être un peu trop courageuse, furent rendus à la société et à leur familles éplorées.

Aussi le nom de Malesherbes était-il dans toutes les bouches : la France entière couvrait de bénédictions et le souverain qui s'entourait d'un sage, et le sage qui justifiait si bien la confiance du souverain.

Le rapport que Malesherbes mit, dans cette circonstance, sous les yeux du roi, affecta vivement ce prince ; il ne put retenir ses larmes en apprenant qu'un grand nombre de détenus, aigris par de mauvais traitemens, avaient l'esprit tout à fait aliéné, et que d'autres, faute d'avoir été secourus, étaient en proie aux infirmités les plus cruelles. Il remercia Malesherbes de leur avoir offert tous les soulagemens qui pouvaient dépendre de lui, et mit à sa disposition une somme considérable pour améliorer leur sort.

L'humanité fut encore redevable à Malesherbes d'une mesure philantropique et salutaire.

Les condamnés à la réclusion, pour vol ou autres délits, étaient entassés dans de vastes salles, et ces hommes vicieux, loin d'expier leurs fautes, s'excitaient à commettre de nouveaux crimes, et transformaient les maisons d'arrêt en lieux de débauche et de prostitution.

Malesherbes, voulant empêcher cette lie de fermenter, fit construire un plus grand nombre de chambres; il ordonna que les prisonniers fussent séparés, et, pour les soustraire aux dangers que l'oisiveté traîne toujours à sa suite, il établit pour les condamnés des filatures de coton, et d'autres métiers, dont le produit était consacré à leur entretien et à leur nourriture.

Ce n'était pas assez pour lui d'avoir réparé tant de malheurs, il voulut empêcher qu'ils ne se renouvelassent dans la suite. Les lettres de cachet avaient été multipliées d'une manière effrayante sous son prédécesseur; les courtisans, les fermiers généraux, les favorites, tous, jusqu'au dernier commis, en obtenaient avec une facilité scandaleuse : ces instrumens du despotisme étaient devenus une branche de spéculation, et l'abondance ayant produit le bon marché, avec une somme très-légère on pouvait se délivrer d'un ennemi, et au besoin même d'un fâcheux créancier.

Une fois qu'on déroge aux principes, on ouvre la porte aux plus crians abus. Les lettres de cachet ne furent d'abord employées que dans les circonstances les plus graves; le roi seul pouvait en faire usage, et il ne recourait à cette fâcheuse extrémité qu'avec la plus grande circonspection : mais, peu à peu, les rois s'en sont reposés sur les ministres; les ministres sur les intendans; les intendans sur les subdélégués; les subdélégués sur les commis, etc. C'est ainsi que s'introduisent tous les fléaux qui accablent les peuples. Quand on a malheureusement fait un seul pas hors du cercle des principes, on s'en éloigne insensiblement, on le perd de vue, on s'égare, et l'on n'y rentre jamais.

Si Malesherbes n'eût consulté que son indignation, il eût anéanti sur-le-champ une institution qui prenait sa source dans l'arbitraire; mais plus les abus sont anciens, plus il faut de ménagement pour les détruire : en les heurtant avec trop de force, on risque de briser les ressorts de l'administration, et on expose l'état à des secousses dont les suites sont toujours à redouter.

Il faut des précautions multipliées pour opérer des réformes, car les mesures les plus injustes, les vexations les plus criantes trouvent des défenseurs qui jètent les hauts cris quand on veut les faire cesser, et qui ont soin de persuader à l'autorité qu'on a le dessein d'attenter à ses prérogatives.

Le premier soin de Malesherbes, en arrivant au ministère, fut de s'entourer de collaborateurs vertueux, de bien composer ses bureaux, et d'en fermer l'entrée à ces femmes impudiques qui vendent au poids de l'or des grâces et des faveurs qui leur coûtent si peu. M. Lemoine, conseiller de la cour des aides, homme recommandable par ses lumières et son intégrité, fut placé à la tête de toutes les affaires contentieuses; et M. Sénac de Meilhan, ancien intendant de Valenciennes, fut chargé de rédiger un mémoire qui fixât, d'une manière précise, les cas infiniment rares où le maintien de l'ordre et la sûreté de l'état pouvaient déterminer le souverain à s'élever au-dessus des formes judiciaires pour priver un citoyen de sa liberté.

Au reste, Malesherbes déclara au roi, de la manière la plus solemnelle, que ses principes lui défendaient d'accorder personnellement aucun ordre de cette nature, et il se fit autoriser à établir une commission composée de plusieurs magistrats probes et éclairés, auxquels seraient soumises toutes demandes de lettres de cachet, et dont les opinions devaient être unanimes et fondées sur des motifs bien constatés.

C'était la véritable manière de démontrer qu'il fallait investir les tribunaux d'un droit si terrible, et que les citoyens ne peuvent, dans aucun cas, être privés des juges légitimes que leur accordent les lois et la constitution de l'état.

Il ne se dissimulait pas, au reste, que la commission qu'il avait composée d'hommes irréprochables ne pouvait être que momentanée, et en effet, cette composition était la seule garantie qu'il pût offrir au public, car les hommes changent, et les institutions restent.

Celle-ci, sous un ministère corrompu, pouvait devenir une espèce de chambre ardente, d'inquisition secrète qu'on n'aurait pas envisagée sans effroi : mais le but de Malesherbes était de prouver que rien au monde n'est capable de suppléer à la puissance des lois, et que l'arbitraire, de quelque manière qu'on veuille le déguiser, traîne toujours à sa suite l'injustice, les passions et tous les fléaux réunis.

Parmi le nombre d'hommes estimables qui avaient eu à s'en plaindre sous le règne précédent, aucun n'avait peut-être autant souffert que l'infortuné Lachatolais, président du parlement de Bretagne : ce vertueux magistrat, ayant eu la force de résister au despotisme du duc d'Aiguillon, s'était vu arraché des bras de sa famille, traîné de prisons en prisons, et privé de toute sa fortune. Malesherbes mit sous les yeux du roi le tableau de ses malheurs, et lui fit obtenir une somme de cent mille francs à titre d'indemnité, ainsi qu'une pension de huit mille francs reversible sur les siens.

Mais s'il était toujours prêt à sécher les larmes de l'infortune ; s'il volait, pour ainsi dire, au-devant de la vertu persécutée, il était armé d'une inflexible sévérité contre les être vicieux et corrompus ; il repoussait avec dédain les hommes puissans qui scandalisaient le public par le déréglement de leurs mœurs.

Le comte Dubarri, surnommé *le Roué*, qui s'était habitué à se regarder comme un personnage important, parce que sa femme avait servi aux plaisirs du monarque, s'était retiré dans les pays étrangers depuis le nouveau règne, dans la crainte de subir le juste châtiment que méritaient son extrême impudence et son industrie un peu suspecte.

Mais, ne trouvant sans doute pas, dans les pays qu'il parcourait, d'aussi bonnes dupes qu'en France, il écrivit à Malesherbes, au mois de novembre 1775, pour lui demander quelle sensation produirait son retour, et le pria de lui apprendre s'il ferait bien de reparaître à Paris.

Malesherbes, indigné d'une pareille effronterie, lui répondit sèchement qu'on était fort indifférent sur sa personne, qu'il n'était point un être assez important pour qu'on s'occupât de lui, et qu'à l'avenir il eût à s'adresser au lieutenant de police, ce magistrat étant le seul sous l'inspection duquel il pût être.

Sous le ministère de Malesherbes, le commerce fut protégé, la navigation intérieure fut organisée, et l'agriculture, accablée naguère sous le poids des impôts, reçut tous les encouragemens qui pouvaient la faire parvenir au plus haut degré d'amélioration.

Mais il aima surtout à suivre l'impulsion de son cœur en faisant fleurir la littérature. Les gens de lettres se rappelaient encore avec attendrissement les bienfaits dont il les avait comblés pendant qu'il avait eu la direction de la librairie : devenu plus puissant, il devint, s'il était possible, plus généreux encore ; il chercha à aplanir aux auteurs une carrière parsemée de ronces et d'épines ; enfin il se montra tel qu'il avait toujours été, juste pour les opprimés, inflexible pour les oppresseurs.

Un nommé Bausole avait fait représenter, le 26 juillet 1775, sur le théâtre Français, une tragédie en *six actes*, intitulée les Arsacides, qui n'obtint aucun succès : cependant la bizarrerie d'un pareil ouvrage attira le public pendant quelques représentations ; mais les comédiens se crurent en droit de ne pas payer la part d'auteur. Bausole en porta plaintes à Malesherbes, qui lui promit une prompte justice : en effet, les comédiens lui ayant soumis, peu de tems après, une nouvelle pièce pour obtenir sa permission, Malesherbes leur répondit :

Je vous l'accorde, à une condition cependant ; c'est que vous paierez, sans délai, à M. de Bausole la somme qui lui est légitimement dûe, et *qu'à l'avenir vous respecterez, plus que vous ne le faites, les gens de lettres, dignes des hommages de tous les êtres pensans, et surtout des vôtres.*

Peu de tems après, Malesherbes apprit qu'une descendante de Corneille manquait du strict nécessaire ; il s'empressa d'honorer la mémoire d'un grand homme, en allant rendre visite à sa nièce : il lui parla avec un respect mêlé d'attendrissement, lui fit sur-le-champ accorder une pension, et lui prodigua, tout le reste de sa vie, les marques du plus tendre intérêt, de la plus sincère amitié.

Pendant son ministère, Malesherbes se lia de la manière la plus intime avec M. Turgot, qui occupait alors la place de contrôleur général des finances, et dont le nom est devenu si célèbre par son administration.

Ces deux hommes vertueux étaient faits pour sympathiser : l'amour du bien public les animait l'un et l'autre avec une égale ardeur; les mêmes principes présidaient à leur administration; enfin ils étaient unis de cœur, de sentiment et de système.

Aussi se prêtaient-ils un appui mutuel dans le conseil du roi, où ils avaient à lutter contre de vieilles préventions, contre des erreurs accréditées, et surtout contre la jalousie des courtisans.

Plus ils avaient l'un et l'autre de popularité, plus ils avaient d'ennemis à la cour. M. Turgot, surtout, était mal avec la finance : le nouveau système d'administration qu'il voulait introduire éprouva les plus grands obstacles ; l'argent fut répandu avec profusion ; des émeutes furent fomentées à l'occasion des grains : il fut abreuvé de dégoûts, de calomnies ; enfin il succomba sous les efforts redoublés de ses ennemis, et fut renvoyé du ministère dans les premiers mois de 1776.

Malesherbes avait essuyé lui-même les plus grandes contradictions : par un usage barbare, les protestans qui habitaient en France se trouvaient dans une espèce d'interdiction civile ; la loi ne reconnaissait pas les mariages qu'ils contractaient, et leurs enfans étaient frappés de bâtardise.

L'humanité, le commerce, la saine politique demandaient hautement l'abolition de cette coutume anti-sociale ; aussi Malesherbes mit-il sous les yeux du conseil un rapport dicté par les principes les plus sages, par la tolérance la plus éclairée ; mais certains hommes puissans eurent assez de crédit pour faire rejeter ce projet salutaire, qu'ils eurent soin de représenter comme une innovation dangereuse.

Malesherbes, convaincu de l'inutilité de ses efforts, ne voulut pas conserver plus long-tems la place à laquelle la confiance du roi l'avait appelé; il craignit que sa présence au conseil ne fût regardée comme une espèce d'aveu tacite donné aux mesures que l'on y adoptait; enfin il était sur le point de se retirer, lorsqu'il apprit le renvoi de M. Turgot, son ami, le seul qui l'eût déterminé à supporter le fardeau du ministère.

Alors il n'hésita plus, et le 12 mai 1776, il pria le roi d'accepter sa démission.

Malesherbes, en quittant un théâtre d'intrigues, voulut respirer l'air pur de la campagne : il sentit d'autant plus vivement les douceurs de la solitude, qu'il en avait été long-tems privé.

Avec quel plaisir il revit ses bois, ses jardins et ses livres ! l'agriculture et l'étude occupèrent de nouveau tous ses momens, et c'est alors qu'il commença des ouvrages importans pour le bien de l'humanité. Depuis long-tems il avait formé le dessein d'entreprendre des voyages ; il voulait observer par lui-même les mœurs, les gouvernemens de diverses nations, et recueillir tout ce qui lui paraîtrait intéresser les sciences et les arts.

Après avoir fait à sa famille les plus tendres adieux, il se mit en route dans l'équipage le plus simple, et sous le nom modeste de *monsieur Guillaume*.

Il parcourut successivement les différentes contrées de la France, de la Suisse et de la Hollande, voyageant avec l'économie d'un homme de lettres : il visitait avec soin les manufactures, les fabriques, les usines, et tout ce qui pouvait lui offrir des renseignemens utiles, ou des connaissances nouvelles sur quelque sujet intéressant; il allait même, la plupart du tems, à pied pour observer avec plus de fruit les objets qui devaient fixer son attention.

Il obtint, de cette manière, une foule de connaissances précieuses. Lorsque le jour touchait à son déclin, il allait chercher un abri dans le plus prochain village, sous le premier toit rustique, et c'est là qu'il rédigeait les observations qu'il avait faites dans la journée. Malesherbes écrivait avec facilité, son style était simple comme sa personne; il décrivait avec clarté les choses qu'il avait vues, et cherchait toujours à appliquer, aux progrès des différentes branches de l'industrie en

France, les réflexions qu'elles lui avaient fait naître.

Il se proposait de mettre en ordre les nombreuses notes qu'il avait recueillies pendant ses voyages : mais elles sont probablement perdues pour les arts ; elles furent enlevées par les comités révolutionnaires, comme des preuves d'aristocratie, et servirent à dresser l'acte d'accusation, ou plutôt l'acte d'assassinat du plus vertueux des mortels.

Les monstres ! pouvaient-ils ne pas frapper ce vieillard vénérable ! ils avaient besoin des ténèbres de l'ignorance pour établir leur domination sanguinaire, et les lumières, la probité étant des titres à la haine de ces brigands, Malesherbes devait être leur première victime. Il ne se contenta pas dans ses voyages d'observer les produits de l'industrie et les merveilles de la nature; il s'attacha à étudier les hommes, et il fut bien convaincu que dans tous les pays comme en France, l'intérêt personnel, le froid égoïsme sont les uniques moteurs de leurs actions.

Partout il trouva les grands fiers, hautains, inflexibles envers leurs vassaux : il eut à gémir sur la corruption du clergé, qu'on commençait à ne plus respecter, parce qu'il ne se respectait plus lui-même.

Le costume simple de Malesherbes, le nom bourgeois qu'il avait adopté le mettaient à même d'observer bien des choses, qui lui seraient échappées s'il eût voyagé avec de riches habits et un nombreux domestique : les hommes flattent toujours l'opulence et le pouvoir, soit par le profit qu'ils espèrent en tirer, soit par le respect qu'impose un grand nom ; ils ont alors soin de déguiser leurs vices sous un vernis de politesse, d'affabilité : mais devant l'homme simple, devant le voyageur modeste qu'ils considèrent comme leur égal, ou même comme leur inférieur, ils jètent le masque de l'hypocrisie, et se montrent tels qu'ils sont.

Il arriva à Malesherbes, pendant ses voyages, des aventures assez piquantes, qui doivent trouver leur place dans l'histoire de sa vie.

En se dirigeant vers la Suisse, il s'arrêta dans une petite ville d'Alsace, et se trouva à une table d'hôte avec un religieux de Saint-François, un bailli de village, et un chevalier de Saint-Louis :

Le bailli, grand lecteur de gazettes, avait la fureur de parler politique; l'affaire des parlemens, le renvoi de M. Turgot firent d'abord les frais de la conversation : le militaire, déjà échauffé par les vapeurs du vin, se déchaîne contre le gouvernement, en critique avec amertume toutes les opérations, et accuse les nouveaux ministres de faiblesse, d'ignorance et même de corruption.

Malesherbes, qui jusque-là les avait laissé extravaguer tout à leur aise, prend part à la conversation : il remontre avec douceur au militaire combien ses plaintes sont exagérées, lui met sous les yeux les obstacles, les dégoûts qu'éprouvent les hommes chargés du fardeau de l'administration, et lui observe qu'avant de dénigrer leur conduite il faut se mettre un instant à leur place, et voir si l'on pourrait y opérer plus de bien.

Le chevalier de Saint-Louis, peu

touché d'observations aussi sages, se récrie alors contre le renvoi des anciens ministres, et surtout contre celui de M. de Malesherbes, l'homme le plus vertueux, le plus éclairé de tout le royaume.

Malesherbes, embarrassé, ne sait d'abord que répondre : Monsieur, le connaissez-vous ? lui dit-il. — Non ; mais je ne suis dans ce moment que l'écho de toute la France, et je soutiens que ce brave ministre n'a été renvoyé que parce qu'il y voyait trop clair. — Détrompez-vous, mon cher monsieur ; s'il s'est retiré, c'est qu'il a senti son insuffisance. — Morbleu ! seriez-vous un ennemi de ce grand homme? — Non, sans doute, je ne suis pas l'ennemi de Malesherbes ; mais je ne puis souffrir qu'on l'exalte plus qu'il ne le mérite. Le révérend père cordelier, endormi depuis plus d'une demi-heure, se réveille au bruit de la discussion : Ne parlez-vous pas de Malesherbes, s'écrie-t-il ; de cet hérétique, de ce profane qui veut renverser notre sainte religion pour y substituer celle des protestans ? Il est renvoyé, tant mieux ! — Le militaire, qui jusque là ne s'est contenu qu'avec peine, apostrophe le vénérable de la manière la plus énergique. Le bailli veut en vain rétablir la paix : déjà une bouteille est prête à être lancée sur la face rubiconde du moine, lorsque Malesherbes, voulant mettre un terme à cette dispute, se jète entre eux. — Arrêtez, messieurs : il est un moyen sûr de vous mettre d'accord ; vous n'avez raison ni l'un ni l'autre, je suis Malesherbes. — A ce mot, le calme se rétablit, et tout le monde se découvre respectueusement. Vous, monsieur le militaire, vous avez tort de prononcer avec tant de légèreté sur les matières les plus graves, et de louer un homme aux dépens de ceux qui ont droit à votre respect et à vos hommages : je vous remercie cependant de la bonne opinion que vous avez de moi ; mais songez qu'il est prudent d'attendre, pour faire l'éloge d'un homme public, que le tems ait permis de juger sa conduite et ses opérations.

Quant à vous, révérend père, on vous a mal instruit : le fanatisme, qui empoisonne tout, a dénaturé mes intentions, et je me fais un devoir de me justifier envers vous :

Lorsque j'ai proposé de rendre aux protestans leur état civil, j'ai rempli un devoir sacré, et j'ai dû provoquer une mesure que l'on adoptera tôt ou tard.

Mais loin de porter la moindre atteinte à notre sainte religion, je lui ai, au contraire, rendu le plus bel hommage, en consacrant deux de ses préceptes, la tolérance et l'amour du prochain. — Messieurs, je vous souhaite un bon voyage. — A ces mots, Malesherbes s'éloigne, et laisse l'auditoire tout confus d'une pareille rencontre.

Une autre fois, en allant visiter les ruines d'un fort construit par les Romains, il fut surpris par un orage affreux : il essaya de regagner le hameau où il s'était arrêté la veille ; mais, obligé de traverser un bois d'une certaine étendue, il prend un chemin pour un autre, et s'égare tout à fait dans une forêt qui lui était inconnue ; enfin il parvient à en sortir, et il découvre dans la plaine un village vers lequel il se dirige, et où il arrive percé jusqu'aux os.

Notre voyageur se fait indiquer le

presbytère : il présente se hommages à monsieur le curé, et demande l'hospitalité pour la nuit suivante. Je me méfie des gens égarés, lui répond celui-ci d'un air assez mal-honnête ; il m'en arrive tous les jours, et je ne suis pas assez sot pour être leur dupe. Si cependant vous voulez passer la nuit dans ma grange, je vais vous la faire ouvrir ; voilà la seule chambre que je puisse vous donner.

Malesherbes, qui par malheur avait oublié ce jour-là de se munir d'argent, accepta sans mot dire la proposition du curé, et se coucha tranquillement sur de la paille fraîche : il disait que de sa vie il n'avait passé une aussi bonne nuit.

A peine eut-il entrevu les premiers rayons de l'aurore, qu'il sortit de son appartement, et se fit indiquer la route qu'il devait prendre pour regagner sa voiture.

Il ne fut pas plutôt arrivé dans la ville prochaine, qu'il écrivit la lettre suivante au curé qui l'avait si bien reçu : « M. de Lamoignon-Malesherbes prie monsieur le curé
« de *** de recevoir ses vifs remercî-
« mens pour l'asile qu'il a eu la bonté
« de lui accorder. M. de Malesher-
« bes n'oubliera jamais les vertus
« hospitalières de monsieur le curé ;
« pour lui en témoigner sa recon-
« naissance, il vient de demander
« pour lui, au ministre qui a la feuille

« des bénéfices, le premier canoni-
« cat vacant, et il est persuadé qu'il
« ne le refusera pas à ses instances. »

Malesherbes tint parole, et le curé reçut ainsi la récompense d'une bonne action qu'il n'avait pas faite : on conviendra que c'est une manière de punir tout à la fois noble et délicate.

Après plusieurs années de voyage, Malesherbes sentit enfin le besoin du repos ; il revint dans sa campagne, et ne put s'empêcher de répandre des larmes en se retrouvant au milieu de ses fidèles serviteurs.

Nicolas, son jardinier, lui fit voir que les plantations n'avaient pas souffert de son absence, et tous les habitans du village vinrent successivement lui témoigner la joie que leur inspirait le retour d'un si bon seigneur.

Malesherbes recommença alors ses occupations favorites : l'étude, la bienfaisance et l'agriculture partageaient son tems.

Les voyages qu'il avait entrepris lui avaient fait acquérir des renseignemens précieux, des connaisances pratiques : aussi disait-il souvent qu'il était fâché de n'avoir pu voyager avant d'être ministre ; car pour gouverner les hommes, il faut les bien connaître, et ce n'est pas dans les livres seuls que se trouve cette connaissance difficile et indispensable.

Les progrès de l'esprit philosophique furent bientôt tels, que Malesherbes put remettre en discussion l'état civil des protestans, qu'il avait en vain voulu assurer pendant son ministère ; il composa sur cet objet deux mémoires qui sont des modèles de sagesse et de discussion, et qui furent mis l'un et l'autre sous les yeux du roi.

Le premier est une dissertation très-bien faite, dans laquelle il réfute, d'une manière victorieuse, le préjugé qui paraissait s'opposer à ce qu'on reconnût légal le mariage des protestans, et qui tirait toute sa force de l'autorité de Louis XIV, et de l'inaction de Louis XV. Malesherbes démontre, dans cette dissertation, marquée au coin de la philosophie la plus éclairée, que jamais Louis XIV n'eut le projet de réduire les protestans français à l'état où ils étaient ; que son premier sentiment avait été de régler leur état par une loi telle que celle qu'il propose ; que le système absolu d'un clergé qui dominait alors despotiquement le détourna seul d'une résolution si sage. Il explique, d'une manière non moins satisfaisante, l'inaction du roi Louis XV sur cette partie de la législation : elle provenait de ce que les ministres ne s'entendaient point, et de ce que le monarque, au lieu d'approfondir le fond de la question, entra dans la discussion des querelles particulières et de l'esprit de corps. Il prouve, par le rapprochement des faits et des opinions, que Louis XV, le cardinal de Fleury, le chancelier d'Aguesseau et tous les ministres qui leur ont succédé auraient infailliblement adopté les premiers principes de Louis XIV, s'ils n'avaient pas redouté une forte opposition de la part des principaux corps du royaume.

Ce mémoire est écrit avec une clarté, une simplicité admirables; l'auteur argumente toujours par des faits qu'il est impossible de contester, et il en déduit des conséquences qui viennent à l'appui du projet qu'il propose.

La philosophie aurait pu lui fournir des armes puissantes sans doute, mais il dédaigne les moyens brillans qui servent presque toujours à déguiser une mauvaise cause ; il préfère le langage simple de la raison, les accens naïfs de la vérité au vain fracas et au luxe trompeur de l'éloquence.

D'ailleurs il ne se dissimule pas qu'il a à convaincre des hommes prévenus, et qu'il les décidera plutôt par l'autorité de Louis XIV que par celle des premiers publicistes et des plus grands philosophes, ceux-ci étant considérés comme des artisans de désordre, des novateurs dangereux et des ennemis acharnés de la religion et de la monarchie.

Enfin Malesherbes, tout en attaquant des préjugés barbares, s'exprime avec le respect que l'on doit à des institutions consacrées par le tems, persuadé que s'il laisse éclater dans toute leur force les sentimens qui l'animent, il multipliera les obstacles, et retardera ainsi la réforme salutaire qu'il veut opérer.

Le second mémoire n'est pas rédigé avec une logique moins entraînante : il regarde comme une base certaine que le roi reconnaît la justice et la nécessité de donner à tous ses sujets un état civil, et qu'il croit utile d'attirer dans son royaume les étrangers qui peuvent y apporter leur commerce et leur industrie, ainsi que de faire disparaître les obstacles que leur religion peut y mettre.

En parlant de ce principe, il examine dans le premier chapitre si, pour donner aux sujets du roi un état certain, et pour assurer les étrangers qu'ils jouiront de ce même état en s'établissant en France, il suffit de laisser tomber dans l'oubli les lois dont l'effet est de réduire les familles protestantes à la bâtardise, et, pour se servir de l'expression usitée, de fermer les yeux sur ce qu'ils ne sont pas catholiques, ou si le roi doit prononcer sur leur état par une loi expresse.

Il s'élève avec énergie contre cette faculté accordée aux tribunaux de laisser sommeiller des lois qu'ils regardent comme injustes ou cruelles. « Le maintien de l'autorité souveraine, et la sûreté des citoyens exigent également, dit-il, que les juges ne soient que les interprètes de la loi. La confiance de la nation est dans les magistrats assis dans les tribunaux; mais ce n'est pas à l'éminence de leur rang que cette confiance est dûe, car il s'en faut beaucoup que le peuple ait la même confiance dans les personnes du rang le plus éminent, quand elles exercent militairement un pouvoir arbitraire; je ne crains pas de dire que ce n'est pas non plus uniquement à leur personne et à leur caractère, puisqu'on entre souvent dans le sanctuaire de la justice lorsque le caractère n'a pas encore été éprouvé et n'est pas connu du public : mais le public révère dans ses magistrats la loi immuable dont ils ne doivent être que les organes.

« Si le juge a le droit de faire fléchir la loi suivant les circonstances, suivant la connaissance personnelle qu'il a de faits particuliers, il ne sera plus considéré par le public que comme un administrateur.

« Le roi, dit-on, a promis au peuple d'adoucir cette législation barbare ; mais ce ne sont point les promesses du roi, ce n'est point sa façon de penser ; c'est une loi précise qui doit rassurer les protestans du royaume :

car le citoyen qui ne s'occupe pas de lui seul, et qui pense à sa famille, doit craindre, pour ses enfans et ses petits-enfans, que les successeurs du roi n'aient pas la même façon de penser que lui, surtout dans une matière où on croit la religion intéressée, et où les ministres ont quelquefois abusé de l'empire que leur donne leur caractère sur un roi pieux.

« Quel prince a jamais été plus inspiré de l'esprit de justice que Louis XIV ? C'est sous son règne que les plus grands travaux ont été faits pour la faire fleurir ; c'est cependant sous ce même règne qu'ont été commises les dragonades. »

Malesherbes parle ensuite du serment que l'on exige des protestans avant qu'ils puissent exercer des fonctions publiques, et il fait à cet égard des remarques piquantes sur la manière dont on se joue de cette promesse sacrée.

Si l'on me demandait, dit-il, des exemples de ce que j'appelle la prostitution du serment, je citerais d'abord celui que tout le monde cite ordinairement ; le serment qu'on exige d'un accusé, qui sait que, s'il dit la vérité, cette vérité le conduira à l'échafaud : mais il y en a bien d'autres qui sont aussi absurdes et par conséquent aussi scandaleux : à l'Hôtel-de-Ville de Paris, on fait jurer ou sur l'évangile ou sur le crucifix (je ne me souviens pas bien sur lequel des deux) qu'on procédera en son ame et conscience à l'élection du plus digne pour remplir les charges municipales de la ville ; et ceux qui vont être juridiquement élus sont nommés depuis long-tems, ont fait leurs remercîmens, et reçu publiquement les complimens.

Il n'y a personne qui ne dise que cela est indécent, et personne ne propose d'y remédier. On regarde les sermens comme de vaines formalités ; or, non-seulement la religion ne devrait pas le permettre, mais l'ordre public exigerait qu'on fît conserver pour les sermens un tel respect, que celui qui a une conscience timorée ne levât jamais la main sans éprouver un saint frémissement, et que l'homme d'honneur regardât comme la plus infâme de toutes les actions d'avoir juré ce dont il n'est pas certain. »

Ces réflexions sont plus que jamais à l'ordre du jour : le serment est encore mille fois plus avili que dans le tems où Malesherbes écrivait ; car on aurait peine à trouver en France beaucoup de gens qui n'aient pas été trois ou quatre fois parjures.

Malesherbes, après avoir démontré victorieusement, dans le premier chapitre, la nécessité d'une loi expresse, en présente le projet dans le second.

Ce projet se trouve presque tout dressé dans les arrêts rendus sous Henri IV et sous Louis XIV ; ce qu'il y ajoute ne tend qu'à rendre plus efficaces les mesures prises par le premier de ces deux rois, pour que les protestans ne soient plus, en quelque sorte, une nation étrangère au milieu du royaume, ayant des revenus communs, des chefs et des juges différens de ceux des autres sujets du roi.

Ce qu'il en retranche n'est que quelques dispositions faites dans l'espérance d'une conversion générale et prochaine, qu'on avait dans le tems, de la révocation de l'édit de Nantes, et dont on fut désabusé sur la fin du règne de Louis XIV.

Malesherbes ne borna point là ses travaux : tout ce qui tendait à faire régner la tolérance religieuse avait droit à sa sollicitude ; il composa un travail immense sur les juifs : jamais on ne déploya sur cette matière des connaissances plus vastes, une érudition plus profond. Cet ouvrage est resté manuscrit, et sans doute ses héritiers ne tarderont pas à en faire jouir le public.

Il se préparait à publier un mémoire plus important encore, lorsqu'en 1786 le roi l'appela de nouveau à son conseil, sans le charger spécialement d'aucune partie de l'administration.

Les rênes de l'état flottaient entre les mains d'un roi bien intentionné, mais faible ; les parlemens avaient de nouveau levé l'étendard de l'opposition ; la dette nationale s'augmentait de jour en jour ; tout enfin annonçait la crise la plus terrible, lorsqu'on invoqua les secours tardifs de Malesherbes.

Les ministres d'alors, en l'appelant au conseil, sentaient le besoin de faire appuyer leurs mesures par un homme dont la réputation fût sans taches, et la popularité capable de captiver la confiance de la nation.

Mais Malesherbes était trop éclairé

pour ne pas entrevoir le gouffre dévorant où l'on voulait précipiter la France : il émit au conseil les opinions les plus énergiques, s'opposa, avec toute la vigueur dont il était capable, aux fausses mesures que l'on faisait prendre au roi, et ne répondit aux conceptions machiavéliques des ministres que par des calculs positifs, des faits incontestables, et des vérités sévères.

Malheureusement sa voix ne fut point entendue : on regarda ses craintes comme chimériques, ses projets comme dangereux, son système d'administration comme le rêve d'un homme de bien ; en un mot, on vint à bout de paralyser ses efforts, et de persuader à Louis XVI qu'il devait fermer l'oreille à ses propositions.

Malesherbes, obligé de garder le silence, ne put voir sans frémir les malheurs qu'on préparait à sa patrie; il voulut faire encore une nouvelle tentative, et composa, sur la situation des affaires, deux mémoires dans lesquels il déchirait le voile d'une main ferme et courageuse.

C'est dans ces mémoires qu'on pouvait se convaincre des grandes vues et de la loyauté de l'auteur : un rapprochement habile de tout ce que l'histoire offre de plus frappant, et de toutes les mesures que pouvait dicter la raison la plus éclairée; une peinture fidelle des maux qu'il s'agissait d'éviter; la défense la plus forte et la plus franche des droits et des devoirs respectifs des peuples et du monarque, tout dans ces mémoires annonçait le talent d'un homme d'état. Si, à cette époque, ses conseils eussent été suivis, que de bien ils auraient pu faire! que de maux ils auraient épargnés!

Mais le roi était aveuglé par de perfides conseils : des hommes sans expérience, qui étaient passés du boudoir d'une femmelette aux premières places du royaume, ne pouvaient souffrir qu'on l'éclairât sur leurs fautes : et Malesherbes, détesté des courtisans, en butte aux sarcasmes les plus amers, se détermina à s'éloigner d'une cour où il n'avait reparu que malgré lui, et à passer ses dernières années au milieu de ses enfans et dans le calme de la solitude.

Les deux mémoires que Malesherbes avait composés avant sa retraite ont subi le sort de tous ses autres ouvrages manuscrits ; ils ont été perdus dans les archives sanglantes du tribunal révolutionnaire.

Des amis de cet homme illustre, qui en ont eu connaissance, assurent qu'on peut les regarder comme une introduction toute faite à l'histoire de la révolution ; qu'ils offrent des rapprochemens aussi ingénieux que philosophiques, tirés de l'expérience et de l'histoire des autres nations, et qu'ils font connaître la véritable situation des choses et des personnes à l'époque du renversement qui nous a conduits à la république.

Louis XVI était si fortement prévenu, qu'il ne lut pas même ces deux mémoires : en vain Malesherbes le supplia-t-il, à diverses reprises, de lui accorder un entretien particulier, jamais il ne vint à bout de l'obtenir, et l'intrigue parvint à éloigner le plus vertueux des hommes du plus faible des rois.

Lorsque Louis XVI ouvrit enfin les yeux, il examina les mémoires de Malesherbes ; il reconnut que lui seul avait trouvé les vrais moyens de fermer les plaies de l'état : il regretta alors de n'avoir pas écouté ses conseils ; il ne put même s'empêcher de répandre des larmes : tardif et inutile repentir !

Malesherbes apprit, au milieu de ses bois, la nouvelle de la révolution, et il n'en fut point étonné ; il osa même former un moment l'espérance de voir extirper les abus : mais il ne tarda pas à reconnaître qu'on ne réformait les anciennes institutions que pour placer des hommes nouveaux, et que des factieux, tourmentés du besoin d'être quelque chose, ne craignaient pas de livrer l'état aux plus affreux déchiremens, afin de s'asseoir ensuite sur ses débris. Cependant il voyait avec peine des hommes sages et modérés s'éloigner des fonctions publiques dans un moment où leur secours était si nécessaire. Le vaisseau de l'état, battu par une horrible tempête, n'avait pour le conduire que des pilotes nouveaux et sans expérience ; tous ceux dont les talens étaient exercés refusaient leurs services : comment ne se serait-il pas brisé contre les nombreux écueils d'une mer orageuse? *Ils nous perdront*, disait-il souvent, *ces petits messieurs qui, après avoir été les premiers à favoriser un changement de choses, déclament, dans les soupers où ils forment leur opinion, contre les institutions nouvelles : cela ne ressemble d'abord qu'à la bouderie d'un enfant gâté; mais attendez, et vous verrez.* Et, en effet, combien n'avons-nous pas gémi de voir les hommes appelés par leurs lumières et leur éducation, dédaigner les premières places, pour les abandonner à des êtres dont l'ignorance égalait la grossièreté!

Revenu de sa campagne, Malésherbes s'occupa d'un travail sur l'agriculture, qu'il méditait depuis longtems, et qu'il publia, en 1790, sous le titre de *Mémoire sur les moyens d'accélérer les progrès de l'économie rurale en France.*

L'auteur a toujours pensé qu'un des plus grands obstacles aux progrès de l'agriculture vient de ce qu'il faudrait que les expériences fussent faites par le concours de plusieurs personnes de différent talent, de différent caractère, et menant un différent genre de vie.

Il croit que ce n'est que des agriculteurs sédentaires, et faisant valoir leur bien, qu'on peut attendre des expériences solides, certaines; mais ces agriculteurs ont rarement l'idée d'autre chose que de ce qu'ils ont vu; et s'il y en a un qui cherche à perfectionner sa culture, ce n'est qu'en imitant ce qu'il a vu dans son voisinage: à ceux-là, les livres imprimés ne servent de rien; ils ne les entendent pas, et n'y ont point de confiance. S'il s'en trouve un qui ait assez de curiosité naturelle ou d'émulation pour entreprendre quelque chose de nouveau ou d'inconnu dans son pays, les moyens lui en manquent : c'est une graine qu'il faut faire venir ; c'est un modèle d'outil qu'il faut avoir. Lors même que la dépense n'est pas trop forte pour ses facultés, il n'a ni correspondans, ni relations pour se procurer ce qui lui manque. De là, il suit que les progrès de la culture ne peuvent se faire que de proche en proche et très-lentement.

L'auteur en cite plusieurs exemples, et celui des deux frères *Duhamel*, dont il était l'intime ami, lui a, pour ainsi dire, indiqué ce qu'il y avait à faire pour remédier au mal dont il se plaint.

L'aîné, *Duhamel de Denainvilliers*, ne quittait point l'habitation de sa propriété, où il était heureux, et faisait le bonheur de son voisinage. Il était très-appliqué, mettait une suite singulière à tous ses travaux, ne prononçait jamais qu'après un mûr examen, et voyait bien, parce que, dit *Malesherbes*, il voyait toujours *sans prévention et sans prétention*.

Le cadet, *Duhamel Dumonceau*, l'auteur de plusieurs ouvrages qu'on connaît, doué de la même bonté, du même zèle pour le bien de l'humanité, avait un caractère plus ardent;

laborieux et actif, il n'aurait pu rester toujours à la campagne, quoique l'agriculture fût son occupation chérie.

Il avait besoin d'habiter une grande commune qui était le centre de toutes les sciences, et il se plaisait à voyager : seul, il n'eût fait que quelques expériences en petit ; il n'en eût peut-être suivi aucune, parce que le succès présumé d'une expérience la lui aurait fait oublier, pour passer à une autre, ou, ce qui est encore plus vraisemblable, il aurait quitté l'agriculture pour la chimie et la physique expérimentale. Mais il passait une partie de l'année avec son frère, dont il connaissait le zèle et la scrupuleuse exactitude : toutes les expériences qui lui étaient indiquées, soit par la théorie physique, soit par ses lectures, ses voyages et ses correspondances, étaient faites par ce frère qui ne quittait jamais son champ et le lieu de ses cultures ; qui les suivait avec la plus grande attention ; qui ne négligeait aucune circonstance, et qui renvoyait ensuite ses résultats à l'académicien.

Cet exemple et quelques autres avaient convaincu Malesherbes qu'il serait heureux que chaque cultivateur sédentaire eût un ami établi dans une grande commune, voyageant en Europe, versé dans la société des savans, ou que chaque physicien, qui veut être agriculteur, eût un ami ne quittant point sa charrue, et se chargeant de suivre ses expériences.

Il cherche à démontrer dans ce mémoire qu'il n'est pas impossible de procurer cet avantage à la nation entière; il suppose qu'il n'y ait en France ni académie, ni société d'agriculture, ni muséum d'histoire naturelle, et il examine ce qu'il faudrait faire pour établir, entre les savans des grandes communes et les cultivateurs sédentaires, cette communication fraternelle qui peut seule accélérer les progrès de l'agriculture.

Il voudrait qu'on formât à Paris un bureau de correspondance pour l'agriculture et les arts utiles, composé des citoyens qui font leur occupation et leur amusement des différentes sciences physiques et mathématiques, dont quelques-uns auraient porté la curiosité sur divers arts et métiers, et d'autres qui, passant à la campagne une partie de l'année, en ont considéré les travaux avec attention et intelligence.

Ce bureau serait tellement constitué, que chaque agriculteur et chaque ouvrier pourraient y avoir recours. Mais comme il serait impossible que les cultivateurs de toute la France vinssent à Paris pour y consulter, et pussent le faire par écrit; comme il serait même absurde de supposer qu'ils en eussent l'envie, l'auteur propose d'établir des bureaux particuliers dans trente ou quarante grandes communes, lesquels seraient en relation avec le bureau général et primitif : chacun de ces bureaux aurait un arrondissement dans lequel il choisirait des correspondans, tellement distribués, qu'il n'y eût pas un cultivateur qui demeurât à plus de quatre ou cinq lieues d'un correspondant.

Il trace d'une manière détaillée les fonctions des bureaux et des correspondans; il démontre jusqu'à l'évidence, par des exemples et par des faits, qu'ils peuvent rendre les services les plus importans à l'économie rurale. Cette partie de son mémoire est extrêmement intéressante.

Il passe ensuite au mode d'exécution de ce projet bienfaisant, et il observe que la société d'agriculture, telle qu'elle était alors, offre, dans sa composition, les élémens les plus desirables du bureau général dont il s'agit; qu'elle n'a besoin, pour son établissement complet, que de s'en attribuer les fonctions.

Telle est la première partie de ce mémoire, qu'il faut lire en entier pour concevoir une juste idée de son importance. L'auteur indique, dans les autres parties, d'autres fonctions, qu'il croit que la société d'agriculture doit remplir pour se rendre plus utile.

Il observe, par exemple, qu'il y a des matières sur lesquelles la vérité ne résulte pas des expériences et des observations d'un seul savant; qu'elle exige la réunion de ce qui a été observé par différentes personnes, dont quelques-unes ne sont pas dans l'habitude de faire imprimer. Il voudrait que la société, en jugeant des cas où les observations faites par différentes personnes sur le même sujet mériteraient d'être recueillies, s'imposât la tâche de les publier.

Il faut plusieurs années d'expérience pour constater l'utilité d'une pratique en agriculture : il y a des expériences qui demandent même encore plus de tems ; telles sont celles qui concernent les plantations des arbres : elles doivent être revues au bout de vingt-cinq ans, et encore au bout de cinquante. Il ne suffit pas de savoir l'effet d'une jeune plantation pour prévoir ce que les arbres deviendront au bout d'un siècle : un agriculteur vit rarement assez long-tems pour voir le succès d'une expérience sur les arbres ; sa propriété passe en d'autres mains, et on ne se souvient plus de quelle expérience le bois que l'on voit est le produit. L'auteur pense que c'est à la société d'agriculture, qui ne meurt point, à se charger de la suite des observations, trop longues pour la vie d'un homme. Il propose donc à la société d'envoyer quelques-uns de ses membres pour vérifier, sur les lieux même, l'état des plantations les plus précieuses qu'il cite; enfin, que les commissaires rapportent et déposent dans le sein de la société un tableau circonstancié de leurs observations. Vingt ans après, on y retournera le registre à la main, et on vérifiera les changemens que ce laps de tems aura produits.

Enfin Malesherbes expose à la société d'agriculture combien il est urgent, pour les progrès de l'économie rurale, de faire connaître l'état actuel de ses différentes branches, et les procédés usités sur tous les différens points de la France; et il propose les moyens les plus sûrs et les plus prompts pour y parvenir.

L'auteur offre lui-même son contingent sur les ouvrages qu'il propose à la société d'entreprendre: il avait fait des observations sur les effets des hivers de 1788 et 1789, sur les arbres exotiques, en rappelant ce que l'expérience lui avait appris depuis plusieurs années sur ceux dont la culture lui paraissait la plus utile, et il offre ces observations à la société; il la prie ensuite de faire vérifier les faits qu'il a avancés dans ses mémoires: « J'en ai encore quelques-uns, dit-il, à vous présenter sur d'autres objets; il faudra les rechercher dans les journaux de mes voyages, qui ne sont pas en bon ordre ; cependant j'en viendrai à bout, et ce sera le dernier ouvrage que j'aurai écrit de ma vie. » Il propose ensuite à la société de faire constater par des commissaires l'état actuel de ses plantations.

Ces commissaires furent nommés en effet ; c'étaient les CC. Thouin, Tessier, célèbres naturalistes, et le C. Dubois, aujourd'hui préfet du département du Gard : mais les évènemens de la révolution les empêchèrent de remplir la mission honorable qui leur était confiée.

A la fin de son mémoire, Malesherbes explique les raisons qui se sont opposées à ce qu'il publiât plutôt les idées utiles qui y sont répandues : il croit qu'elles n'eussent produit aucun effet, et il rappelle l'inutilité des efforts du gouvernement, lors même qu'il annonçait les meilleures intentions. « Il faut que le peuple ait confiance dans ceux qui veulent l'instruire, ajoute-t-il ; et il avait droit de se défier de ceux à qui on en remettait le soin dans ce tems-là : lorsqu'on voulait lui faire parvenir des instructions, on les faisait porter par ceux qui étaient chargés de l'exécution de tous les ordres rigoureux.

« Dans la plus grande partie de la France, les citoyens n'avaient pas même la faculté de délibérer sur les affaires de leur communauté. Je connaissais parfaitement ce vice de l'ancien régime, car j'étais alors à la cour des aides, et cette cour, sans prévoir la grande révolution d'aujourd'hui, ne cessait de demander qu'on rendît à toutes les communautés le plus inaliénable de leurs droits, celui de régir leurs propres affaires : elle avait été jusqu'à dire *qu'on avait interdit la nation entière, et qu'on lui avait donné des tuteurs.* Or, ce n'était que par l'organe de ces tuteurs qu'on pouvait alors parler au peuple...... A présent, il va paraître un nouvel ordre de choses ; on doit espérer que le peuple, représenté dans chaque district, et dans les assemblées générales, par ceux qu'il aura jugés dignes de sa confiance, ne croira plus que tout ce qu'on veut faire pour lui cache un projet secret de l'opprimer : le cultivateur ne sera plus obligé de cacher les ressources de son industrie, par la crainte que son aveu ne fasse augmenter sa quote aux impositions ; le peuple ne regardera plus les sages bienfaisans, qui voudront l'aider de leurs lumières, comme des émissaires secrets d'une administration qu'il était accoutumé à craindre : c'est donc le moment de lui présenter un projet qui n'aurait pu réussir dans le tems où il a été conçu. »

Ce passage prouve bien que Malesherbes avait partagé, dans les premiers tems de la révolution, l'ivresse de tous les Français ; mais les horribles évènemens qui se succédèrent firent évanouir le prestige, et il fut plus que jamais convaincu de cette éternelle vérité : que l'intérêt public est le prétexte dont tous les ambitieux se servent pour satisfaire leur intérêt particulier.

Malesherbes apprit dans sa solitude les nouvelles des journées de juin, d'août et de septembre : il pleura amèrement sur les malheurs de sa triste patrie, et, comme le sage, s'enveloppa dans son manteau.

Il était d'ailleurs parvenu à l'âge de soixante-dix ans, et déjà il voyait approcher le terme d'une vie dont tous les instans avaient été consacrés au bonheur de ses semblables, lorsqu'il apprend par les journaux que la convention nationale a décrété la mise en jugement de Louis XVI.

La grande ame de Malesherbes est profondément émue ; il se rappelle les vertus d'un roi qui ne sut jamais que pardonner ; toute l'énergie de ses premières années se réveille dans son cœur, il part pour Paris, et il écrit la lettre suivante au président de la convention nationale :

Paris, le 11 décembre 1792, an I.er de la république.

« CITOYEN PRÉSIDENT,

« J'ignore si la convention natio-
« nale donnera à Louis XVI un con-
« seil pour le défendre, et si elle lui
« en laissera le choix : dans ce cas-
« là, je desire que Louis XVI sache
« que, s'il me choisit pour cette
« fonction, je suis prêt à m'y dé-
« vouer.

« Je ne vous demande pas de faire
« part à la convention de mon offre,
« car je suis bien éloigné de me croire
« un personnage assez important
« pour qu'elle s'occupe de moi ; mais
« j'ai été appelé deux fois au con-
« seil de celui qui fut mon maître,
« dans le tems que cette fonction
« était ambitionnée par tout le mon-

« de ; je lui dois le même service,
« lorsque c'est une fonction que bien
« des gens trouvent dangereuse. Si
« je connaissais un moyen possible
« pour lui faire connaître mes dispo-
« sitions, je ne prendrais pas la li-
« berté de m'adresser à vous.

« J'ai pensé que, dans la place que
« vous occupez, vous aurez plus de
« moyens que personne pour lui
« faire passer cet avis.

« Je suis avec respect, » etc.

Cette lettre doit figurer sur la première page des annales de la vertu ; elle est un monument éternel de courage, de modestie et de grandeur d'ame : toutes les nations anciennes et modernes n'offrent pas un seul trait de dévouement qui puisse lui être comparé.

On y reconnaît Malesherbes tout entier ; et l'histoire burinera dans ses fastes l'action sublime d'un vieillard septuagénaire qui, au moment où la terreur glaçait tous les esprits, sollicite, comme la plus insigne faveur, la permission de défendre un roi dépouillé de sa couronne, et traité comme le dernier des criminels.

Hommes lâches et pusillanimes qui rampiez devant son trône, et qui le vîtes froidement monter sur l'échafaud ! relisez chaque jour la lettre de Malesherbes ! Quand cet auguste vieillard faisait retentir les accens de la vérité aux oreilles des rois ; quand il dénonçait courageusement les oppresseurs du peuple, vous vous traîniez dans la fange, peut-être même prêtiez-vous votre appui aux sangsues que Malesherbes voulait écraser.

Mais la nature est avare de ces êtres supérieurs qui, bravant tous les dangers, et foulant aux pieds toutes les vaines considérations, sacrifient leur existence à leurs devoirs, et se dévouent sans crainte aux poignards des assassins pour leur arracher une victime.

Rome compta parmi ses oppresseurs plusieurs tyrans aussi féroces que Néron ; plusieurs courtisans aussi lâches qu'Antoine : elle ne nous offre qu'un seul Curtius se précipitant dans un gouffre pour sauver sa patrie.

Mais, sans remonter si loin, ouvrons les pages sanglantes de notre révolution jusqu'au 18 brumaire : y trouverons-nous un seul scélérat puissant qui n'ait eu ses flatteurs? n'apercevrons-nous pas d'anciens courtisans du malheureux Louis XVI caresser l'infame Robespierre? ne les verrons-nous pas ensuite passer de l'anti-chambre de Fouquier-Tainville dans les salons du directoire exécutif? enfin, nous rencontrerons partout des oppresseurs, ou de vils caméléons, et un seul Malesherbes viendra s'offrir à nos regards effrayés.

Louis XVI avait déjà nommé pour ses défenseurs Tronchet, Target et Desèze, lorsque la lettre de Malesherbes lui fut communiquée par la convention nationale : cet infortuné monarque versa des larmes en se rappelant ce vieux et fidèle serviteur; et Target ayant cru qu'il était de son devoir de refuser la défense d'un roi, Louis s'empressa de nommer à sa place celui qui la demandait comme une faveur.

Le 14 décembre, Malesherbes fut introduit au Temple : le roi courut au-devant de lui, et le serra tendrement dans ses bras : Malesherbes fondait en larmes, et on doit sentir combien cette entrevue fut touchante !

Quelles terribles réflexions fit ce vieillard respectable en trouvant dans une obscure prison le monarque qu'il avait vu sur le premier trône de l'univers ; en se rappelant qu'admis jadis à son conseil, il balançait les destinées de l'Europe ! et il vient aujourd'hui arracher au dernier supplice le souverain qui naguère commandait à vingt-quatre millions d'hommes. Mais laissons-le parler lui-même, et rapportons un fragment historique trouvé dans ses papiers :

« Dès que j'eus la permission d'en-
« trer dans la chambre du roi, j'y cou-
« rus : à peine m'eut-il aperçu, qu'il
« quitta un *Tacite* ouvert devant
« lui, sur une petite table ; il me serra
« entre ses bras ; ses yeux devinrent
« humides, et il me dit : Votre sacri-
« fice est d'autant plus généreux, que
« vous exposez votre vie, et que vous
« ne sauvez pas la mienne. — Je lui
« représentai qu'il ne pouvait pas y
« avoir de danger pour moi, et qu'il
« était trop facile de le défendre vic-
« torieusement, pour qu'il y en eût
« pour lui. — Il reprit : J'en suis sûr,
« ils me feront périr ; ils en ont le
« pouvoir et la volonté. N'importe ;
« occupons - nous de mon procès
« comme si je devais le gagner, et je

« le gagnerai en effet, puisque la mé-
« moire que je laisserai sera sans
« tache. Mais quand viendront les
« deux avocats? — Il avait vu Tron-
« chet à l'assemblée constituante; il
« ne connaissait pas Desèze : il me fit
« plusieurs questions sur son comp-
« te, et fut très-satisfait des éclair-
« cissemens que je lui donnai.

« Il travaillait avec nous chaque
« jour à l'analyse des pièces, à l'ex-
« position des moyens, à la réfuta-
« tion des griefs, avec une présence
« d'esprit et une sérénité que ses deux
« défenseurs admiraient ainsi que
« moi : ils en profitaient pour pren-
« dre des notes et éclairer leur ou-
« vrage.

« Tronchet, qui, par caractère,
« est froid, et qui l'était encore par
« prévention, fut touché de la can-

« deur et de l'innocence de son client ; « et termina avec affection le minis- « tère qu'il avait commencé avec « sévérité.

« Ses conseils et moi nous nous « crûmes fondés à espérer sa dépor- « tation ; nous lui fîmes part de cette « idée ; nous l'appuyâmes : elle sem- « bla adoucir ses peines ; il s'en oc- « cupa pendant plusieurs jours, mais « la lecture des papiers publics la « lui enleva, et il nous prouva qu'il « fallait y renoncer.

« Quand Desèze eut fini son plai- « doyer, il nous le lut : je n'ai rien « entendu de plus pathétique que sa « péroraison. Tronchet et moi nous « fûmes touchés jusqu'aux larmes. « Le roi dit : il faut la supprimer ; « je ne veux pas les attendrir. - Une « fois que nous étions seuls, ce prin-

« ce me dit : J'ai une grande peine !
« Desèze et Tronchet ne me doivent
« rien ; ils me donnent leur tems, leur
« travail, peut-être leur vie : com-
« ment reconnaître un tel service ?
« Je n'ai plus rien, et quand je leur
« ferais un legs, on ne l'acquitterait
« pas. — Sire, leur conscience et la
« postérité se chargent de leur ré-
« compense. Vous pouvez déjà leur
« en accorder une qui les comblera.
« — Laquelle ? — Embrassez - les !
« Le lendemain, il les pressa contre
« son cœur, et tous deux fondirent
« en larmes.

« Nous approchions du jugement :
« il me dit un matin : Ma sœur m'a
« indiqué un bon prêtre, qui n'a
« pas prêté serment, et que son obs-
« curité pourra soustraire dans la

« suite à la persécution : voici son
« adresse.

« Je vous prie d'aller chez lui, de
« lui parler, et de le préparer à venir
« lorsqu'on m'aura accordé la per-
« mission de le voir. — Il ajou-
« ta : Voilà une commission bien
« étrange pour un philosophe ! car
« je sais que vous l'êtes ; mais si vous
« deviez souffrir autant que moi, et
« que vous dussiez mourir comme
« je vais le faire, je vous souhaite-
« rais les mêmes sentimens de reli-
« gion, qui vous consoleraient bien
« plus que la philosophie.

« Après la séance où ses défen-
« seurs et lui avaient été entendus
« à la barre, il me dit : Vous êtes
« certainement bien convaincu ac-
« tuellement que, dès le premier
« instant, je ne m'étais pas trompé,

20

« et que ma condamnation avait été
« prononcée avant que j'eusse été
« entendu.

« Lorsque je revins de l'assemblée,
« où nous avions demandé l'appel au
« peuple, et où nous avions parlé
« tous les trois, je lui rapportai qu'en
« sortant j'avais été entouré d'un
« grand nombre de personnes qui
« toutes m'avaient assuré qu'il ne
« périrait pas, ou au moins que ce
« ne serait qu'après eux et leurs amis.
« Il changea de couleur, et me dit :
« Les connaissez-vous ? retournez à
« l'assemblée, tâchez de les rejoin-
« dre, d'en découvrir quelques-uns ;
« déclarez-leur que je ne leur par-
« donnerais pas s'il y avait une seule
« goutte de sang versée pour moi :
« je n'ai pas voulu qu'il en fût ré-
« pandu, quand peut-être il aurait

« pu me conserver le trône et la
« vie : je ne m'en repens pas.

« Ce fut moi qui lui annonçai le
« premier le décret de mort : il était
« dans l'obscurité, le dos tourné à
« une lampe placée sur la cheminée,
« les coudes appuyés sur la table,
« le visage couvert de ses mains. Le
« bruit que je fis le tira de sa médi-
« tation ; il me fixa, se leva, et me
« dit :

« Depuis deux heures, je suis oc-
« cupé à rechercher si dans le cours
« de mon règne, j'ai pu mériter de
« mes sujets le plus léger reproche :
« hé bien, M. de Malesherbes, je
« vous le jure dans toute la vérité de
« mon cœur, comme un homme qui
« va paraître devant Dieu, j'ai
« constamment voulu le bonheur du
« peuple, et jamais je n'ai formé un

« vœu qui lui fût contraire. — Je re-
« vis encore une fois cet infortuné
« monarque ; deux officiers munici-
« paux étaient debout à ses côtés ; il
« était debout aussi, et lisait.

« L'un des officiers municipaux
« me dit : Causez avec lui, nous
« n'écouterons pas. Alors j'assurai
« le roi que le prêtre qu'il avait de-
« siré allait venir. Il m'embrassa, et
« me dit : La mort ne m'effraie pas,
« et j'ai la plus grande confiance
« dans la miséricorde de Dieu. »

A ce récit de Malesherbes, où il parle beaucoup plus de son auguste client que de lui, il convient d'ajouter d'autres faits non moins authentiques.

Malesherbes apportait tous les matins à Louis XVI les différens journaux et les opinions imprimées des députés, relatives à son procès. Il préparait le travail de chaque soirée, et restait régulièrement une heure ou deux avec le roi. Celui-ci ne se couchait jamais sans avoir lu ces différentes pièces, et, pour ne pas compromettre Malesherbes, qui bravait les défenses de la municipalité en les lui apportant, il avait la précaution de les brûler lui-même dans le poêle de son cabinet.

Un jour que des officiers municipaux représentaient à Malesherbes qu'il ne devrait point prêter de journaux à Louis XVI, parce que, dans le cours de son procès, la lecture des débats ne pouvait que l'affliger, Malesherbes répondit : Vous connaissez peu l'ame de Louis; elle est forte, il a le caractère ferme. — Mais, lui dirent-ils un autre jour, ayant l'air de craindre pour leur responsabilité, vous pourriez fort bien lui apporter du poison ou des armes. — Ne craignez rien, répondit Malesherbes : le roi n'est pas comme les autres hommes ; il est religieux, et il sait se résigner.

En arrivant au Temple, il trouva Louis XVI dénué des objets de première nécessité ; des alimens assez mal sains lui étaient fournis par le conseil général de la commune : aussi s'empressa-t-il de lui offrir trois mille francs en or, contenus en trois rouleaux. Mon cher Malesherbes, j'accepte cette somme à titre de prêt, lui dit Louis ; mais je présume que je n'en aurai pas besoin.

En effet, cette somme demeura intacte : lorsqu'avant sa mort on vint inventorier ses papiers, il eut soin d'observer que cet argent ne lui appartenait pas ; il avait même écrit sur chacun des rouleaux : *A M. de Malesherbes.* Il chargea un officier municipal de les lui remettre : mais messieurs de la commune n'eurent garde de les lui rendre ; ils les confisquèrent à leur profit, comme monnaie aristocratique et à face royale.

Quand, la pâleur sur le front, Malesherbes s'avança pour apprendre à Louis XVI sa condamnation : Tant mieux, tant mieux ! s'écria-t-il ; mon cher Malesherbes, loin de vous attrister, ne m'enviez pas le seul asile qui me reste.

Malesherbes lui dit : Il y a encore quelque espoir : on va délibérer s'il y aura un sursis. Le peuple est généreux, et vous êtes bienfaisant.

Lorsqu'après sa condamnation, le roi se décida à interjeter appel au peuple français, Deseze et Tronchet firent valoir cette demande, l'un avec toute la chaleur de l'éloquence; l'autre avec toute la finesse du raisonnement : mais Malesherbes, accablé du poids des années, et d'ailleurs profondément ému, ne put faire entendre que d'une voix tremblante les paroles suivantes :

« CITOYENS,

« Véritablement nous improvi-
« sons sur une matière importante...
« et je ne suis point accoutumé à par-
« ler en public... Cependant je vou-
« drais ajouter quelque chose aux
« réflexions improvisées de mes col-
« lègues ;... mais j'ai sur cet objet tant
« d'idées... qui ne me sont suggérées
« ni par l'individu, ni par la cir-

« constance... Oui, citoyens, quand
« j'étais encore magistrat, et depuis
« j'ai réfléchi spéculativement sur l'ob-
« jet dont vous a entretenu Tron-
« chet, j'ai eu occasion, dans le tems
« que j'appartenais au corps de la lé-
« gislation, de préparer, de réflé-
« chir ces idées : aurais-je le mal-
« heur de les perdre, si vous ne me
« permettez pas de vous les présenter
« d'ici à demain ? »

Ce discours fut plusieurs fois interrompu par les larmes que Malesherbes versait en abondance : mais tous ses efforts furent infructueux ; on lui refusa même le délai de vingt-quatre heures pour présenter ses observations, et il retourna au Temple, la mort dans l'ame, et ne sachant comment annoncer à Louis XVI que tout espoir était évanoui.

Arrivé devant lui, sa contenance morne, son air abattu, les pleurs qui roulent dans ses yeux, en disent assez ; mais, faisant enfin effort sur lui-même, il rompt ce terrible silence, et laisse échapper ces mots : « Sire, vous êtes courageux........ « Votre fatal jugement est porté !!!... « — Je m'y suis toujours attendu, « répond Louis d'un air calme et se- « rein. Au nom de Dieu, mon cher « Malesherbes, ne pleurez pas : nous « nous reverrons dans un monde « plus heureux. »

Malesherbes venait pour offrir des consolations à Louis, et ce n'est pas Louis qui a besoin d'être encouragé : il console lui-même son vénérable défenseur, et il cherche à le distraire par le trait suivant :

« M. de Malesherbes, on m'a dit,

« dans mon enfance, que, lorsqu'il
« devait mourir un roi de la maison
« de Bourbon, on voyait à minuit
« une grande femme vêtue de blanc
« se promener dans la galerie de Ver-
« sailles : comme vous venez sou-
« vent ici, n'auriez-vous pas rencon-
« tré cette ombre sur votre route? »

Ce moyen, que Louis employait pour calmer le chagrin de son respectable ami, produisit un effet tout contraire : ses sanglots redoublèrent, et son visage fut inondé de larmes. — « Ah! lui dit Louis, je voulais simplement vous faire une plaisanterie, pour vous prouver que je suis tranquille : mais combien je me repens de vous l'avoir faite, maintenant que je vous vois si cruellement affligé! » Enfin, il fallut se séparer pour jamais. Louis XVI fit promettre à Malesherbes de le venir voir le lendemain : mais ce fut vainement qu'il s'y présenta à diverses reprises ; les portes lui furent impitoyablement fermées.

Malesherbes, le cœur déchiré de douleur, regagna son ancienne retraite, pour y passer le reste de ses jours dans les larmes et dans l'exercice de toutes les vertus. (*)

(*) Malesherbes aimait à raconter une répartie que lui avait faite un homme du peuple pendant son séjour à Paris.

Obligé d'aller quatre fois par jour à la prison du Temple, son grand âge ne lui permettait pas d'en faire le chemin à pied, et il était obligé de prendre une voiture.

Un jour, entre autres, qu'il faisait un tems affreux, il vit en descendant de voiture son cocher percé jusqu'aux os.

« Mon ami, lui dit Malesherbes avec cette

Les embrassemens de sa famille suspendirent un instant ses douleurs; mais l'horrible catastrophe était toujours présente à ses yeux, et, pendant des journées entières, il gardait un silence morne qui n'était interrompu que par ses soupirs.

Ses jardins, ses bois, ses livres furent délaissés; un deuil universel couvrait cette retraite charmante, et Malesherbes, toujours plongé dans de sombres réflexions, avait perdu,

---

bonté qui lui était naturelle, vous devez être transi de froid, et je suis vraiment fâché de vous faire courir par ce tems-là. — Ne faites pas attention, M. de Malesherbes; pour une cause comme celle-là, j'irais au bout du monde sans me plaindre. — Oui; mais vos pauvres chevaux n'en peuvent plus. — Monsieur, reprit le bon cocher, *mes chevaux pensent comme moi.* »

pour la première fois, cette gaîté inaltérable qui ne l'avait abandonné dans aucun moment de sa vie.

On eut soin d'éloigner de lui tous les journaux de Paris : ils auraient pu r'ouvrir sa plaie, et lui offrir les détails sanglans d'une exécution dont l'idée seule le faisait frémir d'horreur.

Au reste, Malesherbes s'interdisait lui-même cette lecture. Depuis qu'une troupe de factieux s'arrachaient les lambeaux de la France; depuis que le crime était devenu un moyen de parvenir, et la vertu un titre de proscription, il s'épargnait l'affreux tableau de cités dépeuplées, de familles en pleurs, de nouvelles bastilles plus odieuses que l'ancienne, enfin de la mort couvrant de son voile funèbre et sanglant le premier empire de l'univers. Heureux celui qui, dans ces tems de terreur et de désolation, a pu rompre toute communication avec les humains ! N'a-t-on pas vu des proscrits se réfugier dans les bois, dans les montagnes, au sein des antres sauvages, et se croire plus en sûreté avec des animaux féroces qu'au milieu des membres de comités révolutionnaires ?

La postérité refusera d'ajouter foi à cette longue suite de massacres politiques exécutés sous nos yeux; elle ne pourra croire que cinq ou six misérables, sans courage, sans talens, et accablés du poids de l'exécration publique, aient pu, pendant deux ans entiers, plonger la France entière dans une telle stupeur, qu'elle ait laissé périr sur le gibet ses plus illustres citoyens, et que les bourreaux soient devenus les hommes les plus importans et les plus occupés dans la nouvelle république.

Tandis qu'au dedans nous nous couvrions d'infamie, nous portions au dehors notre courage et nos succès; nous avions la gloire de vaincre toute l'Europe par la force de nos armes, et quelques scélérats, qui ne savaient pas même manier une épée, nous faisaient trembler sous leur couteau.

Un million d'hommes inondait le territoire de nos ennemis; et souvent, dans le même jour, le sang du fils coulait sur le champ de bataille, et le sang du père sur l'échafaud. (*)

(*) Le père de l'illustre général Moreau

C'est de cette épouvantable galerie de meurtres et d'assassinats que Malesherbes avait voulu s'épargner le spectacle : sa sensibilité n'aurait jamais pu le souffrir ; et la révolution qu'il eût excitée en lui, aurait sans doute altéré des organes affaiblis par l'âge et par de longs travaux.

Cependant Malesherbes était parvenu à soixante-douze ans, sans ressentir aucune de ces infirmités qui affligent ordinairement la vieillesse : nul excès n'ayant énervé ses forces pendant son jeune âge, il jouissait, sur le déclin de ses jours, d'une santé et d'une vigueur que bien peu

---

fut guillotiné à Brest le jour où son fils remportait la victoire qui nous a assuré la conquête de la Hollande.

d'hommes conservent au bout de leur carrière.

Peu à peu il avait repris ses livres et ses instrumens aratoires ; il recommença à fixer les heures de son travail comme au tems de sa jeunesse, et chaque jour il faisait quelque découverte, il entreprenait quelque expérience utile au bien de l'humanité ou aux progrès de l'agriculture.

Tout occupé du bonheur de ses concitoyens, il oubliait presque la révolution et ses fureurs, semblable à ce sage qui, sur un vaisseau battu par la tempête, et prêt à se briser contre un écueil, ne s'aperçoit pas même de l'agitation des flots, et continue en silence le travail qu'il avait commencé avant l'orage.

Hélas ! Malesherbes devait être englouti dans l'abime de la révolution : une scène horrible vint bientôt déchirer son cœur paternel, et fut le triste présage du malheureux sort qui l'attendait.

Un jour que, la bêche à la main, il se promenait dans son parc, il voit venir de loin quatre individus au regard féroce, au teint livide et aux cheveux plats ; il croit s'apercevoir que ces hommes prennent directement le chemin de son habitation : un frémissement universel s'empare de lui, ses genoux fléchissent, et ce n'est qu'avec la plus grande peine qu'il peut rentrer dans sa maison.

Malesherbes ne s'était pas trompé : les hommes à la figure rébarbative sont les premiers objets qui frappent sa vue, et les larmes de ses enfans ne lui apprennent que trop le sujet de leur mission.

C'étaient quatre membres du comité révolutionnaire de la section de Bondy, qui venaient mettre en arrestation madame Lepelletier-Rosambo, fille de Malesherbes, et son mari, ancien président au parlement de Paris. Qu'on juge de la douleur du vieillard en se voyant arracher des bras de sa fille bien aimée ! Il se frappe le visage, il pousse des cris perçans, il se jette aux pieds des monstres, et leur demande en grâce de l'emmener avec ses enfans.

Peut-on se faire une idée de cette scène de douleur et de désolation ! Le jeune Rosambo, monsieur et madame de Chateaubrian, petits-enfans de Malesherbes, se voient séparer d'un père et d'une mère chéris, et obligés de consoler leur respectable aïeul, quand ils sont eux-mêmes livrés au plus affreux désespoir !

Les barbares révolutionnaires étaient insensibles à ce tableau touchant ; ils n'ouvraient la bouche que pour presser l'heure du départ : cependant Malesherbes et ses petits-enfans ne cessant de demander à suivre monsieur et madame de Rosambo, ils répondirent, d'un ton féroce, que rien n'était plus facile, et que, dès le lendemain peut-être, on les conduirait en prison, puisque cela leur faisait tant de plaisir.

Il fallut enfin se séparer : Malesherbes ne put supporter de si cruels adieux que dans l'espérance de voir réaliser la promesse des brigands. Cette idée servit même à raffermir son courage : il attendait avec impatience la journée du lendemain ; il accusait la lenteur du tems : un jour de fête n'eût pas été plus vivement desiré.

Son attente, à la fois douce et cruelle, ne fut que trop bien remplie ; les sbires révolutionnaires ont toujours tenu leur parole quand il s'est agi de persécuter.

Malesherbes et ses petits-enfans furent mis en arrestation ; les scellés furent apposés sur tous ses papiers, et il ordonna lui-même les préparatifs du voyage : la sérénité brillait sur son front respectable ; sa conversation était enjouée comme dans les instans les plus heureux de sa vie : on eût dit qu'il se disposait à faire une partie de plaisir.

Cependant le bruit de son arrestation s'était répandu dans le village, et tous les habitans en pleurs étaient accourus pour lui faire leurs adieux : ni la crainte des satellites révolutionnaires, ni la présence de la force armée ne purent les empêcher d'éclater en murmures contre l'acte tyrannique qui les privait du meilleur des pères. L'un déclarait qu'il lui était redevable de sa petite fortune ; l'autre, qu'il l'avait préservé de sa ruine, en venant à son secours dans des circonstances fâcheuses ; celui-ci, qu'il avait fait rebâtir sa maison détruite par un incendie ; celui-là, qu'il avait fait apprendre un métier à plusieurs de ses enfans : tous proclamaient hautement sa bienfaisance, ses vertus, et accablaient ses persécuteurs d'injures et de malédictions.

La municipalité s'assembla extraordinairement, et, ne voulant pas souffrir qu'il fût escorté par la gendarmerie comme le dernier des malfaiteurs, arrêta unanimement de se porter pour sa caution : quatre de ses membres eurent même le courage de l'accompagner à Paris, afin de lui épargner le dégoût de faire la route avec les vils suppôts de la terreur.

Malesherbes avait espéré qu'on le réunirait à toute sa famille ; mais son attente fut cruellement trompée : on voulut lui faire boire jusqu'à la dernière goutte le calice de l'amertume, et les féroces révolutionnaires eurent le barbare soin de disséminer ses enfans dans les diverses maisons d'arrêt. Son petit-fils, le jeune Lepelletier-Rosambo, fut le seul qui fut enfermé avec lui dans la prison des Madelonettes.

Malesherbes entendit sans émotion les verroux se refermer sur lui; les fers de la tyrannie n'altérèrent pas un seul instant la sérénité de son ame : toujours occupé des idées de bien public, auxquelles il avait consacré sa vie entière, il travaillait encore au bonheur de ses semblables lorsqu'il était parvenu au dernier degré de l'infortune.

Il instruisait son petit-fils des devoirs de l'honnête homme; il lui répétait souvent que le témoignage d'une bonne conscience est le premier des biens, et qu'il offre à l'innocent persécuté les plus douces consolations.

Souvent les naïvetés de cet enfant le faisaient sourire; il aimait à trouver dans son jeune cœur le germe des meilleures qualités, et il se plaisait à les développer par de sages leçons et d'utiles préceptes.

Sa situation lui rappelait celle de l'infortuné Louis XVI enfermé avec son fils, et lui donnant lui-même les premiers élémens du calcul et de la géographie.

Cependant Malesherbes ne recevait aucune nouvelle de ses autres enfans: cette séparation cruelle était le seul nuage qui obscurcît ses derniers jours; aussi sollicita-t-il, avec instance, auprès du comité de sûreté générale, la grâce d'être réuni dans une même prison avec toute sa famille. Ce fut la seule demande qu'il forma pour lui; et quand, après de longs efforts, il l'eut obtenue, il fut au comble de ses vœux, et ne fit plus entendre une seule plainte, un seul murmure.

Si les adieux de ces infortunés avaient été déchirans, la joie de se retrouver après une si douloureuse absence suspendit un instant toutes les facultés de leurs ames. Avec quelle émotion délicieuse Malesherbes pressa ses chers enfans contre son sein! Hélas! le malheureux ne devait pas jouir long-tems de leurs caresses; il les embrassait sur les bords de sa tombe.

Son arrivée dans la maison d'arrêt de Port-Libre plongea tous les détenus dans la consternation: jusque là une faible lueur d'espérance avait encore brillé à leurs yeux, mais quand on vit que ni les vertus sublimes, ni les longs services de Malesherbes n'avaient pu le soustraire à la persécution, chacun frémit sur son sort, et n'envisagea l'avenir que sous les plus sombres couleurs.

Un vieillard, détenu à Port-Libre, et qui a publié quelques anecdotes sur sa captivité, raconte ainsi l'arrivée de Malesherbes dans cette prison d'état : « J'étais depuis un mois à Port-Libre, dit-il ; on me traitait avec humanité, à cause de mon indigence, et avec respect à cause de mon âge. Un soir, on avait réussi à se distraire par une conversation pleine d'intérêt ; tout à coup on annonça l'arrivée de Malesherbes : personne ne fut plus rassuré sur son sort, quand on songea que sa vertu ne pouvait le garantir ni lui ni sa famille. Il entra, et le premier mouvement, au milieu de la consternation générale, fut de lui céder une place d'honneur au milieu de nous : je vois encore sa sérénité. *Cette place que vous m'offrez*, dit-il, *elle appartient à ce vieillard que j'aperçois, car je le crois plus âgé que moi.* C'était moi qu'il désignait : nous fondions en larmes, et lui-même avait peine à contenir celles que lui causait notre émotion. »

Malesherbes reconnut aussi un père de famille respectable, qui avait occupé une place importante dans les bureaux de son ministère. Hé quoi, M. de Malesherbes, lui dit ce brave homme, vous ici! — Hélas! oui, mon cher, répondit le vieillard : *je deviens un mauvais sujet sur la fin de mes jours ; je me fais mettre en prison.* »

A peine fut-il arrivé à Port-Libre, qu'il écrivit à un de ses amis une lettre, dans laquelle il lui faisait part de sa nouvelle situation : « Je m'attends à tout, lui disait-il : on ne me pardonne pas d'avoir défendu le malheureux Louis XVI ; cependant je déclare hautement que je me glorifie de lui avoir sacrifié mon existence, et que, loin de me repentir de ce que j'ai fait, je le recommencerais encore si je me trouvais dans le même cas. »

Cette lettre passa au visa du greffe : on la lui rendit, en lui observant qu'elle pourrait l'exposer. Malesherbes, après quelques minutes de réflexion, répondit au greffier :

Vous avez raison; cette lettre pourrait bien me faire guillotiner : mais qu'importe ; elle partira. Telle est mon opinion je serais un lâche de la trahir : je n'ai fait que mon devoir.

Cette lettre fut en effet remise à Fouquier-Tainville, et lui servit à dresser l'acte d'accusation de Malesherbes. Celui-ci, en le recevant, ne put s'empêcher de lever les épaules : Si cela avait au moins le sens commun ! dit-il avec un sourire de pitié.

Enfin arriva le terrible moment où cette auguste famille devait tomber sous le glaive des assassins : leur rage exécrable n'était point satisfaite par leur détention, ils voulaient encore s'abreuver de leur sang, se repaître de leurs cadavres....

En réfléchissant au système atroce que, par un rafinement barbare, ils couvraient d'une apparence de justice, on aurait cru qu'ils ne pousseraient pas l'impudeur jusqu'à immoler un défenseur de Louis XVI, défenseur que la convention nationale elle-même l'avait autorisé à nommer, et qu'ils ne pouvaient faire périr sans surpasser en férocité les antropophages les plus affamés de sang humain.

L'assassinat de Lepelletier-Rosambo apprit à cette famille infortunée le sort qui la menaçait. Ce magistrat vertueux expia sur l'échafaud l'honneur d'avoir courageusement défendu les droits du peuple au parlement de Paris. Son épouse, désolée, levait au ciel ses mains suppliantes pour lui demander de la réunir à son mari, et d'abréger le terme de ses douleurs, en accélérant celui de son supplice.

Malesherbes lui-même attendait la mort avec le calme d'un sage, avec la fermeté d'un stoïcien, et il était déjà préparé au coup fatal qui allait le frapper, lorsque, le 2 floréal an II, il fut traduit au tribunal révolutionnaire avec sa fille et ses pettis-enfans.

C'est dans ce moment que la fille de Malesherbes, si digne de lui, et qui lui ressemblait à tant d'égards, fit ses adieux à Mademoiselle Sombreuil, qui avait sauvé la vie à son père au 2 septembre. Madame Rosambo, en l'embrassant, lui adressa ces paroles touchantes qui méritent d'être gravées dans les pages de l'histoire : *Mademoiselle, vous avez eu la gloire de sauver votre père ; j'ai du moins la consolation de mourir avec le mien.*

Malesherbes et ses enfans furent mis en jugement avec Despréménil, Thouret, Chapelier et une douzaine d'autres accusés qui leur étaient absolument inconnus. Après un vain simulacre de procédure, le tribunal les condamna à la peine de mort, comme *étant convaincus d'avoir conspiré contre la liberté du peuple français; d'avoir fourni des sommes considérables aux ennemis de l'état, et enfin d'avoir voulu dissoudre la convention nationale, et rétablir la royauté.*

Hé quoi! ce vertueux patriarche, enfermé depuis dix ans dans une solitude, dont il n'est sorti que pour remplir des fonctions augustes et respectées chez les nations où les idées libérales ont fait le moins de progrès; ce vieillard vénérable, qui a consacré sa vie entière au soutien du malheur, à l'appui de la faiblesse, est tout à coup métamorphosé en conspirateur! Monstres! quand vous tranchâtes le fil de ses jours, que ne le déclariezvous plutôt convaincu de détester la tyrannie, de chérir la vertu, d'avoir protégé les arts et les lettres, d'être un savant modeste, un philosophe austère, un bon père de famille. Voilà quels étaient ses titres à votre haine! voilà quels étaient les crimes dont il s'était rendu coupable! voilà la conspiration qu'il avait ourdie pour le bonheur de ses semblables et pour la gloire de son pays. Puisse son sang retomber sur la tête de ses bourreaux! puissent les serpens de toutes les furies déchirer leurs entrailles! puissent-ils ne pas trouver une seule pierre pour reposer leurs têtes! puissent-ils enfin expier dans les enfers leur exécrable homicide et tous les forfaits dont ils ont souillé leur vie! Malesherbes entendit son jugement sans frémir; mais la condamnation de sa fille et de sa petite-fille déchira son cœur : l'idée de voir périr deux êtres faibles, que leur sexe aurait dû sauver de la proscription, ébranla sa fermeté, et fit chanceler son courage.

Reconduit à la Conciergerie, il sentit renaître ses forces, et exhorta ses enfans à la mort. Qu'on se représente cette malheureuse famille n'attendant plus que l'heure de son supplice! il est impossible d'esquisser un pareil tableau ; les larmes de la sensibilité en altéreraient les couleurs : ce n'est point aux yeux, c'est à l'imagination seule qu'il faut présenter ces images sombres et lugubres. Les vers suivans d'A. Ségur, qui portent le cachet du sentiment, n'expriment encore qu'avec imperfection tout ce qu'un pareil moment a de cruel et de terrible :

Quel est donc ce vieillard?... et par quelle injustice...
Quoi! Malesherbes, c'est toi qu'on entraîne au supplice!
Ta fille y marche aussi; son époux, ses enfans
Sont frappés à la fois, l'un sur l'autre expirans!
Trois générations s'éteignent comme une ombre!
Homme pur! calme-toi dans ta demeure sombre :
Qui connut tes vertus, pour toujours est en deuil;
La tendre humanité gémit sur ton cercueil.
Tes bourreaux sont flétris; ta mémoire est chérie!
L'honneur de ton supplice a couronné ta vie.

Lorsque l'heure fatale eut sonné,

Malesherbes reprit tout son enjouement : après avoir payé à la nature le tribut de la sensibilité, il veut donner à ses enfans l'exemple de la force et du courage ; il leur fait envisager la mort comme un bienfait, et l'on voit briller dans ses regards ce calme sublime de l'innocence et de la vertu.

En traversant la cour de la Conciergerie, son pied, mal assuré, heurte rudement une pierre qu'il rencontre : *Oh ! oh !* dit Malesherbes à son voisin, *voilà ce qui s'appelle un mauvais présage : un Romain, à ma place, serait rentré.* Et il continue sa marche en riant.

Monté sur la fatale charrette, il

s'entretenait avec sa famille, sans être affecté des clameurs poussées par une populace féroce : enfin il arriva au pied de l'échafaud, et, après avoir dit un dernier adieu à ses enfans, son ame s'élança dans le sein de la divinité.

Malesherbes est mort âgé de 72 ans quatre mois et quinze jours : il fut l'homme le plus vertueux et le plus sage de son siècle, et sa mémoire parviendra sans tache à la postérité.

Ennemi inflexible du pouvoir arbitraire, défenseur ardent des opprimés, il passa sa vie à essuyer des pleurs, et il n'en fit jamais verser. Savant modeste, protecteur éclairé des belles lettres, il ne se contenta pas de prêcher la vertu dans ses écrits, il en donna toujours l'exemple.

Des étrangers ont cherché à ternir sa mémoire, en lui reprochant, dans un libelle imprimé à Berne, d'avoir été philosophe. Etrang e inculpation! Si la philosophie n'est autre chose que l'amour de la sagesse, Malesherbes l'a bien méritée ; mais la révolution, en changeant toutes les idées, a dénaturé le sens des expressions : ainsi, parce que des scélérats ont usurpé le titre de patriotes, on appelle le patriotisme brigandage ; parce que des monstres, revêtus du sacerdoce, ont présidé aux massacres de la Saint-Barthélemy, on confond la piété et le fanatisme; parce que des factieux se sont appuyés de l'autorité des philosophes, philosophie et esprit de sédition sont devenus synonymes : mais l'équilibre paraît enfin se rétablir, et cette confusion ne tardera sans doute pas à disparaître. Le gouvernement vient de s'honorer à jamais, en ordonnant que le buste de Malesherbes fût placé au milieu des statues des grands hommes qui ont illustré leur pays. Tous les arts doivent se réunir pour perpétuer le souvenir de ce célèbre magistrat : la sculpture doit faire revivre ses traits ; la poésie chanter ses vertus ; et l'éloquence répandre des pleurs sur sa tombe.

FIN.

www.ingramcontent.com/pod-product-compliance
Ingram Content Group UK Ltd.
Pitfield, Milton Keynes, MK11 3LW, UK
UKHW012201240726
13966UKWH00002B/489

9 782012 933378